KB268983

누구에게나 통하는 기적의 대화법

첫인상부터 사로잡아

상대를 내 편으로 만드는

관계의 기술

누구에게나 통하는 기적의 대화법

데브라 파인 지음 | 이구용 옮김

큰나무

새로운 사람들과의 만남을 통해
자신의 지평을 넓혀라

새로운 사람을 만나 나누는 대화 기술을 증진시킬 수 있도록 사람들에게 도움을 주는 일에 처음 입문했을 때, 나는 그야말로 적지 않은 회의에 빠졌다. 회사 임원들은 데면데면한 분위기를 극복할 수 있는 내 아이디어를 한낱 일개 가정주부의 하찮은 구상으로 치부하며 코웃음을 쳤다.

그래서 나는 저명한 타이틀을 지닌 인사들에게 도움을 구해볼 생각으로 은밀히 연락을 취했다. 그리고 그들은 나름대로의 구상을 마련하여 내게 조언을 해주었다. 그 결과, 주위에 있는 사람들이 실제로 내 복안에 대해 놀라움을 금치 못하는 것이었다. 그때 나는 속으로 쾌재를 불렀다. 나는 그때 내게 도움을 준 사람들에게 지금도 감사하는 마음을 가지고 있다.

이전의 삶을 들여다보면, 세상물정에 어두운 엔지니어였던 나는 내 보잘 것 없는 사교력과 주변머리 없는 대화술이 늘 곤혹스러웠다. 사실 새로운 사람을 만날 때마다 노출되는 내 부족한 능력을 내 스스로 배양하기 이전까지 나는 새로운 사람들과의 대화를 비롯해 여러모로 형편없이 부족하고 소심하기 짝이 없는 사람이었다.

어릴 적, 나는 과체중에 말수가 거의 없는 아이였다. 학교에서도 되도록 남들 눈에 잘 띄지 않는 곳에 있곤 했다. 더구나 미련해 보일 정도로 몸집이 크다 보니 종종 다른 아이들로부터 따돌림 당하는 것도 부지기수였다.

초등학교 3학년 때의 일이다. 그날은 반 친구 리타의 생일파티가 있는 날이었다. 우리 반 여자아이들은 그 생일파티에 모두 초대를 받았다. 한 여자 아이와 나만 빼고. 너무나도 큰 상처를 받은 나는 그 이후, 책의 세계로 빠져들었다. 나는 정말 친구를 어떻게 사귀어야 하는지, 그리고 친구와 어떻게 지내야 하는지에 대해 아무 것도 몰랐다. 돌이켜 보면, 그때까지도 나는 반 친구들에게 어떤 식으로 말을 걸어야 하는지 조차에 대해서도 아는 게 없었던 것이다.

▌사교를 통해 자신의 지평을 넓혀라

점차 나이가 들어가면서, 자연스럽게 나는 새로운 사람들과의 만남이 크게 요구되지 않는 직종을 선택했다. 엔지니어링은 일반적으로 고도의 테크닉을 요하는 대화가 거의 없는 일로 내게는 그야말로 안성맞춤의 탁월한 선택이었다. 그래서 나는 기술적인 프레젠테이션은 물론 다소 복잡한 질문에 대한 답변도 별 탈 없이 잘 이끌어갔다. 내게 요구되는 대부분의 일은 내 업무 분야에서 내가 지니고 있는 기술적인 능력만으로도 무난하게 잘 처리가 되었다. 그런데, 이력이 점차 쌓여가면서 나는 해당 업계 분야에서 열리는 다양한 컨퍼런스나 미팅에 자주 불려나가게 되었다. 그런데 문제는, 그런 자리에서 내가 소속된 업계의 다양한 동료나 고객들을 접하게 되었다는 사실이다. 바로 그 점이 나를 다시 한 번 공포로 몰아갔다.

내가 알고 있는 것이라곤 그저 내 자신을 소개하고 대화를 시작하는 것이 전부였다. 새롭게 만나는 사람들에게 "어떤 일을 하세요?"라고 묻는 것에 있어선 실패가 없었다.

문제는, 통성명 후 서로 하고 있는 일에 대한 얘기를 주고받은 다음이다. 언제나 변함없이 그 다음 얘기가 뚝 끊기는 것이다. 나는 그 상황을 어떻게 계속 이끌어가야 하는 지를 전혀 몰랐다. 그로 인해 결과적으로, 내가 할 수 있었던 사교적인 역할이나 기능을 나는 모두 포기한 셈이다.

그런 주변머리이다 보니, 어딜 가도 일부러 그 자리에 늦게 나타나고 좀 더 일찍 자리를 떴다. 그러면서 나는 간절히 빌었다, 부디 나보다 뛰어난 말재주를 지닌 사람이나 넓은 도량을 지닌 사람들이 어서 먼저 나서서 자신들을 소개하고 회의를 진행해 나를 구원해달라고……. 엔지니어로 재직하던 기간 내내 나는 새로운 사람들을 만나면 어떻게 대화를 풀어가야 하는 지에 대한 기술을 터득하기 위해 줄곧 나 자신과 싸워야 했다.

그러는 가운데 아이 둘을 갖게 되면서 그간 해오고 있는 일에서 벗어나 한동안 휴직기간을 가졌다. 그렇게 시간을 보내면서 더 많은 친구들을 사귈 필요성을 느끼기 시작했고, 그로 인해 나는 서서히 내 지평을 더욱 넓혀나갈 수 있었다. 그리고 그렇게 하기 위해서는 다른 사람들과의 사교술과 관계구축 요령을 개선하고 증진시켜야만 한다는 것을 깨닫게 되었다.

그래서 나는 여러 사람들 속에서 서로 어울리며 그들과 돈독한 우의를 유지하는 데 일가견을 보인 사람들에 대해 주목하기 시작했다. 그들이 어떻게 행동하는 지를 유심히 관찰했으며, 더러 부끄럽더라도 그들의 행동거지를 열심히 따라 하기 시작했다.

▌인생의 의미와 깊이를 더해주는 다양한 사람들을 만나라

내 나이 사십 줄에 접어들 때였다. 몇 년째 일터에서 벗어나 있는 상황이었다. 아이들이 어느 정도 자라면 이전에 내가 종사하던 일터로 돌아갈 생각이었다. 그런데 그렇게 하기 위해서는, 그리고 내 이력을 좀 더 확대하기 위해서는 필히 더 많은 사람들을 새로이 만날 필요가 있었다. 최소한 그렇게 해야 내게도 나름대로의 전망이 있다고 할 수 있지 않겠는가.

그럼에도 불구하고 새로운 사람들과의 만남과 일련의 그런 자리에서 갖춰야 할 나만의 대화술은 그 어디에서도 쉽사리 찾을 수가 없었다. 하지만 내 자신을 둘러보고 내가 처한 현실을 직시하는 것은 그다지 어렵지 않았다. 그래서 나는 내가 갖추지 못한 덕목을 잘 갖추어 훌륭히 발휘해내고 있는 다른 사람들의 배경을 유심히 관찰하였다.

우선 나만의 목표를 세웠다. 사람을 만났을 때, 어떻게 대화를 시작해야 하는지, 그리고 그 대화를 적어도 5분 이상 유지하기 위해서는 어떻게 해야 하는지에 대한 비결을 찾는 것이 일차적인 목표였다.

곧이어, 새로운 사람을 만나는 데 있어서 가장 중요한 열쇠는 바로 '격 없는 대화'라는 사실을 터득하게 되었다. 드디어 타인과의 관계구축에 있어서 가장 멋진 도구를 발견하게 된 것이다. 나는 그것에 대해 더 많은 것을 배우기 위해 더욱 열심히 뛰었다. 내 나름대로 자신을 단련시키고, 다른 사람들 또한 그것을 터득할 수 있도록 열심히 도왔다. 그때부터 나는 다른 사람들에게 말을 걸고, 또 그들에게 컨설팅을 하는 비즈니스를 시작했다.

그리고 그 이후로 지금까지 줄곧 나는 다른 사람들이 새로운 사람을 만나는 데 필요한 파워를 기를 수 있도록 돕는 일을 해오고 있다. 그동안 나는 수없이 많은 사람들을 만나왔으며, 그런 가운데 덕망 있고 훌륭한 사람들을 친구로 삼게 되었다. 지금도 나는 끊임없이 훌륭한 인재들을 적절한 업체에 소개를 해주고 있다. 그야말로 내 삶은 나날이 인생의 의미와 깊이를 더해주는 다양한 사람들로 넘쳐나고 있다.

이 책의 집필 목적은 여태까지 그동안 내가 배우고 터득했던 내용을 독자들에게 널리 알려, 새로운 사람과의 만남을 통해 어떤 결실들이 이루어지는지를 알게 하기 위함이다. 또한 대화의 기술에 대한 레퍼토리가 얼마나 중요한 결실을 가져다주는지를 보여주기 위함이다. 이 책에서 소개되고 있는 다양한 팁과 기술은 모든 이를 위한 것이다. 결코 세상물정을 잘 모르는 이들만을 위한 것이 아니다!

▮ 새로운 사람을 만나는 것을 두려워하지 말라

제대로 형식을 갖춘 프레젠테이션(PR) 보고서를 아주 기가 막히게 잘 만들 줄 아는 비즈니스맨들을 나는 제법 알고 있다. 그런데 이상하게도 그들은 네트워크 이벤트 코너에 들어가기만 하면 식은땀을 흘린다.

그뿐이 아니다. 어떤 교사들은 자기가 가르치는 학생들과 동료들 사이에서는 유창하게 말을 잘한다. 그런데 정작 학교 행사에서 학부모를 만나면 무슨 말을 어떻게 해야 할지 몰라 입을 닫아버린다. 그 학부모들이란 전업주부이면서, 나름대로 행복한 삶을 살아가고 있는 엄마들로 보육원이나 학교 등에 드나드는 것을 큰 낙으로 삼는 사람들이다. 교사들은 그 사이에서 고립이나 단절감을 느끼며 결국 자리를 뜨게 되는 것이다.

내가 알고 있는 한 내과의사는 나름대로 그 분야에서 꽤나 능력을 인정받고 있는 사람이었는데 전문의로서의 활동을 접고 HMO(Health Maintenance Organization)에 가입했다.

뛰어난 능력을 지녔음에도 불구하고 그는 대화의 기술이 없었으며, 계속해서 새로운 환자들을 대할 자신감이 없었기 때문이다.

한편, 다른 사람들과의 네트워크 형성 능력에 따라 성공이 좌우되는 비즈니스맨들과 여타 다른 직종의 다양한 전문가들이 많다. 그러나 자신이 운영하는 비즈니스나 전문 직종을 성장시키는 데 실패하고 만다.

그 이유는 다른 어떤 특별한 게 아니라, 새로운 사람들을 만나 함께 대화 나누는 것을 두려워하기 때문이다.

지금까지 지내오면서 알게 된 사실중 하나는, 거의 완벽할 정도로 탁월한 능력을 지니고 있으면서도 새로운 사람들을 만나서 자연스럽게 대화를 이끌어갈 수 있는 능력을 갖추기 위해 도움을 필요로 하는 사람들이 정말 놀라울 정도로 많다는 것이다.

만약 당신 역시 스스로를 그 중 한 사람이라 생각한다 해도 너무 자책할 필요는 없다. 당신만 그런 것이 아니니까!

▌만남을 통해 기쁨과 즐거움, 그리고 기회를 얻어라

이 책은 당신이 새로운 사람을 만나 대화의 능력을 키우는 데 필요한 기술을 습득할 수 있도록 도와줄 것이다. 당신의 대화기술이 성장하게 된다면 당신의 삶의 질 또한 개선될 것이다. 단둘의 자리에서나, 혹은 하나의 어떤 무리 속에서나 이야기를 잘하는 사람이 미치는 파급효과는 우리의 상상을 초월한다.

이를테면, 당신이 새롭게 만나는 사람들은 시간이 문제가 될 뿐 언젠가는 당신의 동료, 친구, 의뢰인, 혹은 고객 등의 영역 안으로 합류하게 될 것이다. 그리고 당신은 그동안 두렵게만 생각해오던 여러 상황에서 그들과 함께 기쁨과 즐거움을 얻게 될 것이며, 결국에는 당신 스스로가 더 많은 새로운 사람들을 만나게 되는 기회의 통로와 채널을 구상해내기에 이를 것이다.

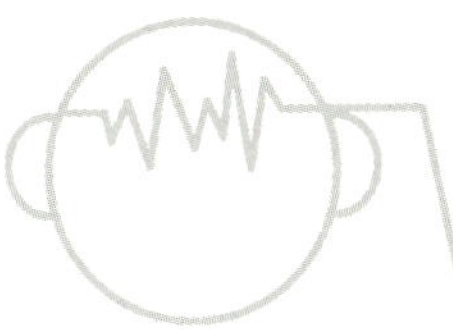

새로운
사람을 만나라

"새로운 사람과의 만남을 제대로 컨트롤하는 사람은 유대적 공감과 편안함은 물론 상대방으로부터 존중받고 있다는 느낌을 갖는 데 탁월한 재주가 있는 사람이다."

"새로운 사람과의 만남을 제대로 컨트롤하는 사람은 유대적 공감과 편안함은 물론 상대방으로부터 존중받고 있다는 느낌을 갖는 데 탁월한 재주가 있는 사람이다."

잭은 주차장에 차를 세우고 엔진시동을 껐다. 그리고 다음 이어질 두 시간을 걱정하며 잠시 그대로 차 안에 앉아 있다. 시내에서 새로 사무실을 개업한 주요 고객의 개업기념식에 초대를 받은 것이다.

잭은 그런 자리가 무척이나 부담스러웠다. 가서 무슨 말을 어떻게 해야 할지 몰랐다. 걱정이 이만저만이 아니었다. 자기를 초대한 그 당사자 말고는 아는 사람이라곤 아무도 없을 것이다. 남의 눈에 띌까 말까 주위의 눈치를 보면서 한쪽 구석에서 꿔다 놓은 보릿자루처럼 있을 생각을 하니 이만저만 신경이 쓰이는 게 아니었다. 그러다 보니 그는 평상시보다 행사장에 마련된 음식을 더 많이 먹게 된다. 그로서는 그렇게 하는 것이 그나마 마음 편한 일이다.

객은 마련된 행사에 참석을 해야 할 필요가 있다. 그러나 그는 점점 더 운전석에 몸을 묻는다. 대체 얼마 동안을 그렇게 그 자리를 지키고 있어야 하는 걸까. 불안과 걱정이 커져만 간다. 대략 30분이면 족하지 않을까? 그러나 만일 행사가 진행되는 동안 자리를 지키지 않는다면, 자신의 최고 고객에게 누가 되는 것은 아닐까? 어떻게 하면 그 자리에서 한 시라도 빨리 빠져나올 수 있을까…….

구실 거리를 찾아 이리저리 궁리를 해본다. 아니면, 누군가에게 연락을 부탁해 그것을 빌미삼아 그 자리를 빠져나올까? 이런 생각 저런 생각을 하니 이내 골머리가 지끈거린다. 어떤 것이 가장 현명한 방법일까?

▌ 하루하루 더욱 즐거운 상호작용을 위한 준비를 하라

대체로, 가벼운 대화는 하루에 최소한 12회 정도 이루어질 수가 있다. 직장 사무실에 들어가면서, 방과 후의 활동장소에서 자녀를 데리고 나오면서, 직장 동료와 함께 엘리베이터에 오르면서, 식구들에게 걸려온 전화를 받으면서, 관련업계의 회의에 참석하면서, 고객이나 협력사 담당자와 점심을 나누면서, 취업인터뷰를 하러 가면서, 전망 있는 기회, 생산, 혹은 서비스를 함께 공유하면서 등등……. 사실, 상황의 예는 한도 끝도 없다!

그러나, 우리들 대부분에게 새로운 사람과의 만남은 어쨌든 쉬운 일만은 아니다. 누구에게든 새로 만나게 될 사람은 불안과 걱정을 증폭시키는 사람이 될 수 있고, 또 어떤 사람에게는 공포감을 야기시키는 사람이 되기도 하며, 심지어 또 어떤 사람에게는 사회활동이나 비즈니스 차원에서 이루어지는 점심식사 자리에 나가는 것도 꺼리게 만들기도 하며, 나아가 가까운 이웃이나 다른 사람들 모두와의 우연한 만남의 기회마저도 피하고 싶도록 만드는 사람이 되기도 한다.

대화가 시작되기가 무섭게 거의 말문이 막혀버리는가? 사교모임이나 비즈니스 간담회가 있으면 마지못해 억지로 참여하는가?

그렇다면 이 책은 분명 당신이 어떤 상황에 놓이든 자신감을 가지고 대화에 참여할 수 있는 기술을 터득할 수 있도록 도와줄 것이다. 간단하게 제시되는 요령과 접근방법을 숙지하고 그대로 훈련을 한다면 당신에게 늘 두려움의 대상이기만 한 그 새로운 사람과 갖게 되는 첫 만남이라는 그 끔찍한 '괴물' 을 떨쳐버리게 될 것이다. 우선, 다음 사항을 익혀두도록 하라.

- 의미 있는 대화를 통해 누구든 자신의 대화에 끌어들인다.

- 시들해져가는 대화에 활력을 돋운다.

- 새로운 주제로 변화를 준다.

- 네트워크 이벤트, 파티, 그리고 환영 만찬 등에서는 더욱 편안함을 유지한다.

● 비즈니스 프렌드십을 발전시킨다.

● 품위를 지키며 대화에 참여한다.

‖ 새로운 사람을 만나 대화를 나누는 데 필요한 기술을 익혀라

진지한 대화를 즐기는 사람들은 종종 가벼운 대화의 중요성을 간과하곤 한다. 격 없는 가벼운 대화 과정 없이 진지한 대화로 접근하는 것은 쉬운 일이 아니다. 가벼운 대화는 새로운 사람을 만나 처음 입을 열어 말을 하거나 질문을 하는 수준의 것으로, 마치 결빙수역에서 얼음을 부수며 항해하는 하나의 쇄빙선과 같은 역할을 한다.

다시 말해서 가벼운 대화의 시작은 보다 더 깊고 진지한 대화와 더욱 공고한 관계를 향해 나아가는 길을 밝히는 역할을 하는 셈이다. 가벼운 대화에 능숙한 이들은 실제로 상대방에게 일체감을 제공하고, 가치를 부여하며, 편안함을 제공하는 데 탁월한 재주를 지닌 사람들이다.

나아가 그런 재주는 비즈니스 관례를 비롯하여 거래를 성사시키고 새로운 친구나 협력자를 만드는 단계에 이르기까지 그 효과가 길게 이어진다.

새로운 사람을 만나 대화를 나누는 데 필요한 기술과 관련하여 중요한 것은 누구든 그것을 배울 수 있다는 사실이다. 한번 곰곰이 생각해보라. 당신이 평소에 만나는 사람들과 미소 짓고 행복해하는 것이 모두 그냥 자연스럽게 얻어진 우연의 산물이라 생각하는가. 만일 그렇게 생각한다면 그것은 오산이다. 물론 일부 사람들은 다른 사람들에 비해 사람 만나는 것을 좋아하고 또 그들과 인사 나누는 것을 좋아하기도 한다.

그러나 그런 사람들 중 상당수가 그들 나름대로 그렇게 되기 위해 많은 노력을 한다. 스스로 훈련하고, 세미나에 참여하여 기술과 노하우를 익히고, 코치나 리더들로부터 지침을 받고, 테이프를 듣고, 그리고 관련 서적들을 읽었다. 나 역시 한때 지극히도 내성적인 엔지니어였다. 그 누구도 아마 나보다 더하진 않았을 것이다. 그러나 나는 대화의 기술을 나름대로 익히고 훈련하고 나서 이제는 어엿한 프로가 되었다. 그것은 아주 간단했다.

성공을 거두기 위한 첫 단계는, 우리 모두는 어차피 우리가 아는, 혹은 안다 하더라도 거의 잘 모르는 사람을 어떻게 만나야 하는지에 대한 방법을 어떤 식으로든 터득해야겠다는 생각을 늘 유지하는 일이다. 그런데 사실 우리는 그 방법에 대해 제대로 배우기를 게을리 하거나 포기하고 살아간다.

그렇다고 해서 우리에게 누군가와의 대화 기회가 닥쳤을 때 그것을 유연하게 이끌어갈 수 있는 어떤 본능적인 생물학적 특성이 내재돼 있는 것도 아니다.

미국 최초의 스포츠매니지먼트사들 중 하나를 설립한 클리블랜드 출신의 변호사 마크 맥코막(Mark McCormack)은 "같은 값이면 잘 아는 친구에게서 물건을 산다. 그리고 품질이 크게 기울지 않는 경우에도 이왕이면 잘 아는 친구에게서 물건을 산다"는 말을 했다. 그 말에 담긴 의미는 단지 명함만을 수집하는 차원이 아니라 누군가와 만남을 가졌을 때 그와 지속적인 친분을 발전, 유지시키는 것이 결국엔 모두에게 득이 된다는 사실이다.

존 네스빗(John Naisbitt)은 최근에 출간한 자신의 저서 『메가트렌드(Megatrends)』에서 현재 우리가 살아가고 있는 하이테크 세계에서 두터운 관계를 위한 필요성을 역설한다.

"우리 주변에 테크놀로지가 넘쳐날수록 그만큼 인간적인 접촉이나 친분이 필요하다."

사람들은 컴퓨터를 필두로 한 하이테크 세계가 제공하는 삶을 누리고 있다. 직접 다른 사람들을 만나지 않고 한자리에 혼자 앉아서도 언제든 이메일을 통해 교류하며 서로의 의견과 정보를 교환한다. 인터넷 쇼핑몰 또한 사람들이 가장 자주 찾는 장소 중 하나가 되었다!

그렇기에 사람들은 더욱 자주 서로 만나고 어울려야 할 필요가 있다. 그러면서 서로의 돈독한 관계를 위해 신경을 써야할 필요가 있다. 새로운 사람을 만나고자 하는 별도의 꾸준한 노력은 바로 당신이 우호적인 환대를 받게 될 우정과 친분의 영역을 넓히는 시도이다.

▍ 말은 편하고 가볍게 하되, 그 말의 의미엔 가치가 실려야 한다

가벼운 대화는 비즈니스 관계를 형성하고 그 기반을 다지는 데 필수적이다. 비즈니스 대화는 언제나 늘 가벼운 대화로 시작되고 마무리된다.

이를테면, 상대의 재정이나 경제부분에 대한 동향을 부담스럽지 않은 내용의 범위 내에서 가볍게 물으며 접근한다.

"요즘 많이들 힘들어 하는데, 괜찮으시죠?"

개인적인 측면에서 보더라도 상대가 편안함을 느낄 수 있는 질문이다. 그러면서도 이 질문은 상대방의 현 상황을 간접적으로 가늠해볼 수 있는 말이 되기도 한다.

한편, 환자를 대하는 의사의 수완은 또 얼마나 중요한가. 그의 말과 몸짓이 환자에게 적잖은 영향을 주듯, 다만 우리가 마주하고 있는 사람과의 대화 역시 가벼운 듯하면서 거기엔 중요한 의미나 가치가 담겨 있어야 한다.

또 이런 경우도 있다. 미용사들을 보면, 그들 중엔 정말 재담꾼들이 많다. 그들이 가벼운 대화로 손님들을 대하지 않는다면, 한 시간, 혹은 그 이상의 시간 동안 좁은 의자에 앉아 그 예리한 미용도구들을 다루는 사람과 어찌 편안하게 보낼 수 있겠는가!

어떻게 보면 사소하고, 또 어떻게 보면 가볍다 할 수 있는 그 대화는 바로 비즈니스 파트너로서의 상대방이 나에게 얼마나 많은 시간,

혹은 얼마나 많은 돈을 투자해줄 것인지와 직접적으로 관련이 있다 하겠다.

▶어떤 문제를 해결하거나 자신들이 원하거나 필요로 하는 것을 얻기 위해 : 다음과 같은 상황을 한번 생각해보자. 저녁시간에 외출할 일이 있어 아기를 맡아 돌봐줄 사람을 고용한다. 누군가에게 인건비를 지불하고 잔디 깎는 일을 시킨다. 그리고 그 시간에 좀 더 잠재적인 전망과 가능성을 지닌 미팅에 더 많은 시간을 투자한다.

▶긍정적인 관계와 정서가 있을 때 : 내 이웃 수잔은 여러 해 동안 줄곧 한 은행과만 거래를 한다. 심지어 다른 은행에서 더 나은 조건을 제시해도 요지부동이다. 수잔은 기존 거래 은행의 담당자가 마음에 들기 때문이다. 내 친구 빈스는 맞은 편 동네로 이사를 갔다. 그런데 동물병원을 갈 때면 늘 차를 몰고 그전에 살던 동네에 있는 동물병원을 찾아간다. 그와 그 동물병원의 수의사가 서로 유별난 친분을 유지하고 있는 것은 아니지만, 그는 다른 곳으로 자기 애완견을 데리고 가는 것은 생각할 수 없는 행동이라고 말한다. 그는 유독 그 동물병원을 좋아한다.

대화를 잘 하는 사람은 사람들이 오랫동안 좋은 감정을 유지할 수 있도록 하기 위해 상대방에게 긍정적인 관심과 시선을 유지한다. 그

현실은, 사람들은 어떤 일을 누구와 함께 도모할 것인가, 혹은 자금을 어디에 어떻게 투자할 것인가를 고민하게 될 경우, 마땅히 친분이나 신뢰관계를 유지하고 있는 대상을 자신의 협력 파트너로 선택한다는 데에 기초하고 있다. 다시 말해서, 대부분의 사람들은 자신과 잘 조화를 이루는 사람, 그리고 정서적으로 마음이 잘 끌리는 사람에게 유대감을 느낀다는 것이다.

가벼운 대화는 하나의 빅딜이다. 그것은 소중한 친분이나 신뢰관계를 형성하는 데 있어서 꼭 필요한 요소이기 때문이다. 학부모와 교사들은 컨퍼런스가 있기 전에 서로 간에 유대를 형성하기 위해 만난다. 모기지 브로커들은 부동산 관계자들을 비롯한 여러 관련인들과 잡담을 나눈다. 더 많은 비즈니스를 이끌어내기 위해 그들과의 관계를 강화시키기 위함이다.

지금은 도전의 시대이고, 급변의 시대이다. 우리에게 날아오는 뉴스는 좋은 소식보다 그렇지 않은 소식이 더 많다. 따라서 사람들은 더욱 자신이 상대방으로부터 인정을 받는다거나, 자신의 말을 상대가 잘 들어준다고 생각하거나, 혹은 자신이 대화를 나누고 있는 상대방에게 의미 있게 받아들여진다고 느낄 때 그 대화를 높이 평가한다. 그렇기 때문에 사람들이 자기 친구들과 함께 대화를 나누며 그러한 호의를 추구한다는 것은 충분히 이해가 되는 대목이다.

뿐만 아니라, 사람들이 온화하고 다정하고 사려 깊은 사람들을 택해 그들과 함께 협력하여 비즈니스를 하고 싶어 하며, 물건을 사더라도 그들로부터, 서비스를 받더라도 그들로부터 받고 싶은 것 또한 사실이다.

제공자를 찾는 큰 회사의 경영자로부터, 몇 가지 식료 잡화를 구매하고자 하는 일반 소비자, 그리고 물품 발송을 하려고 하는 총무담당 직원에 이르기까지, 어떤 상황을 결정하기까지 거기에는 구매자와 판매자 간의 신뢰나 친분관계의 여부가 전반적으로 영향을 미친다는 사실이다.

적게 말하라, 그래야 큰 것을 얻는다

유능한 경영자와 리더들은 회의의 시작을 가벼운 대화로 이끌어간다. 그것은 회의의 분위기를 이끌기 위한 서막인 동시에 보다 더 진지하고 의미 있는 대화, 그리고 혹 있을지 모르는 힘들고 딱딱한 대화를 자연스럽게 풀어가기 위함이다.

가벼운 대화를 통해 다소 딱딱하고 서먹서먹한 분위기를 푸는 것은 친분과 신뢰를 구축시키고, 성공을 증진시키며, 응집력 있는 팀을 형성해가는 데 좋은 기회를 제공한다.

가벼운 대화의 기술을 좀 더 발전시킨다면 당신은 자녀들과의 소통까지도 개선시킬 수가 있다. 자녀교육을 하는 데 있어서 가장 빈번하게 나오는 "오늘 학교에서는 어땠어?"라는 질문이 대화의 길잡이로서 얼마나 중요한가를 새삼 터득하게 될 것이다. 그럼으로써 당신은 상투적으로 나오게 되는 그 한마디의 말인 "좋았어요"라는 응답에서 벗어나 보다 의미 있는 대화를 이끌어낼 수 있게 된다. 이런 과정을 통해 학교에서 아이들이 무엇을 배우고 있으며, 또 어떤 아이들을 친구로 사귀고 있는지에 대한 소중한 깨달음을 얻게 될 수 있다는 사실을 한번 상상해보라!

가벼운 대화를 절대 가볍게만 보아 넘겨서는 안 된다. 사적으로나 전문적으로나 다른 사람들과 교류할 수 있는 교두보로서 그만큼 중요한 도구가 또 없기 때문이다. 가벼운 대화의 파워를 인정하는 것이 첫 단계이다. 그 가치나 중요성을 인식하게 됨으로써 당신은 더욱 열심히 대화의 기술을 습득하는 데 요구되는 필요한 노력을 기울여 나가게 될 것이다.

가벼운 대화가 단순히 상대방으로부터 어떤 이익이나, 혹은 자신에게 보탬이 되는 그 무엇인가를 얻기 위한 재담꾼이 되는 것과 관련한 것의 전부라고 생각했다면 그것은 분명 잘못 생각하고 있는 것이다. 가벼운 대화는 그 이상의 것으로, 이를테면, 하나의 도미노 현상과도 같다. 삶의 모든 영역에서의 성공, 혹은 더 나은 삶을 만들어가기 위한 첫 단계로 모든 분야에 연쇄적으로 긍정적인 영향을 제공하는 역할을 한다.

이 책은 새로운 사람을 만나 질 높은 대화의 특전을 누리는 데 필요한 기술을 발전시키기 위한 다양한 조언과 기술로 가득 차 있다. 따라서 이 책에서 전하는 내용을 두루 익히고 숙지한다면 당신은 머지않아 네트워크 이벤트나 여러 유형의 파티에 참석하고 싶어질 것이며, 어디서 누가 만나자고 하든 흔쾌히 응하게 될 것이다.

과거의 나처럼, 아직까지 당신은 모르는 사람이 있는 어떤 이벤트 등에 참여하는 것보다는 그냥 좋은 책 한 권 들고 집에 머무는 것을 더 좋아할 지도 모른다. 하지만 당신은 곧 밖으로 나가게 될 것이다. 물론 당신이 모르는 사람들로 가득 찬 어느 공간에서 그들과 서로 어울리기 위해서는 나름대로의 상당한 노력이 필요하다는 것을 부인하지 않는다.

또한 우리의 일, 비즈니스, 혹은 개인적인 삶의 한 부분으로서 그러한 이벤트에 참여하는 데 필요한 시간이 우리에게 아직 남아 있다는 것 또한 부인하지 않는다. 그러나 분명한 것은 앞으로 그러한 기회를 최대화해야 한다는 것이 내 생각이다. 사람을 만나 가벼운 대화를 나누는 기술이 향상되었을 때 바로 그와 같은 기회가 더욱 자주 당신 앞에 등장할 것이다. 또한 그런 기회들을 통해 결과적으로 당신은 새로운 사람을 만나 그들과 가벼운 대화를 나누는 데 필요한 기술을 더욱 발전시키게 될 것이다.

끝까지 이 책을 다 읽는 시점이 되면 당신은 어디서 누구를 만나든 간에 성공적인 재담꾼이 되는 데 필요한 모든 정보와 자료를 손에 쥐게 될 것이다. 가벼운 대화의 기술을 한층 업그레이드한다는 것은 결국 당신의 리더십 능력을 증강시키고, 다양한 사교와 교제의 상황에서 느낄 수 있는 두려움을 완화시킴은 물론, 궁극적으로 당신이 다른 여러 사람들과 사적으로든 혹은 비즈니스에 있어서든 새로운 친분과 신뢰관계, 그리고 그 이상의 것들을 얻게 된다는 것을 의미한다. 부디 빠른 시일 내에 당신이 모르는 사람을 어디서 만나든 서로의 대화를 즐기게 되기를 기대한다.

:: 새로운 사람 만나는 파워 기르기

1 나는 새로운 비즈니스를 위해, 혹은 개인적인 목적으로 새로운 사람을 만나기 위해 하나의 클럽, 단체, 혹은 기타의 활동을 하는 모임에 적어도 하나 이상에 소속되어 있거나 참여하고 있다.

☐ 예 ☐ 아니오

2 나는 대화의 장에서 내 순서를 의식하면서 다른 사람들을 알려고 노력함은 물론, 다른 사람들에게도 나를 알리려고 노력한다.

☐ 예 ☐ 아니오

3 나는 대화술을 활용하여 최소한 두 사람이 서로 만나 그들이 잠재인 동료로, 고객으로, 혹은 한쪽이 의뢰인이 될 수 있도록 도움을 준 적이 있다.

☐ 예 ☐ 아니오

4 나는 한 달에 최소한 두 번에 걸쳐 어느 단체나 행사에, 혹은 어느 활동에 참여하여 그곳에서 결정권을 가진 사람, 혹은 그러한 가능성을 지닌 사람들을 새로운 친구로 사귈 수 있다.

☐ 예 ☐ 아니오

5 나에게 친근하게 접근해오는 그 누구와도 쉽게 친해질 수 있다.

☐ 예 ☐ 아니오

6 누군가가 내게 "새로운 소식이 뭐 없나요?"라고 물어오면 나는 아주 재미있는 것에 대한 얘기를 들려준다.

☐ 예 ☐ 아니오

7 회의나 연회 등, 참석하는 그 어느 자리에서고 나는 모르는 사람에게 자신에 대한 소개를 직접 한다. 그리고 적어도 세 사람 정도에 대해서는 그들의 이름과 연락처에 대한 정보를 알아가지고 온다.

☐ 예 ☐ 아니오

PART 2

고정관념을
탈피하라

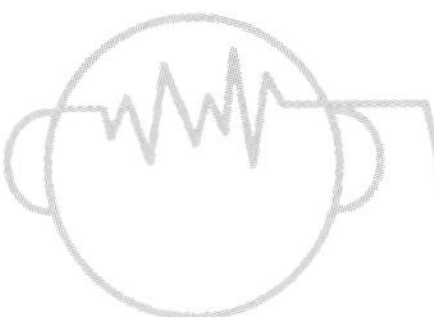

"기다림은 당신에게 '잃어버린 시간' 을 선사하게 될 뿐이다. 자발적으로 나서서 상황의 주도권을 잡아라. 기다리다 보면 누군가가 당신에게 먼저 다가와 자신을 소개할 거라 생각하면서 시간을 지체하지 말라."

우리 중에 적잖은 사람이 사람을 만나 대화를 나누는 것에 어려움을 겪고 있다는 사실은 어찌 보면 당연한 일 아닌가 싶다.

어린 시절의 기억들을 떠올려보면 그때 접하게 된 어떤 말이나 사실들이 성인된 지금까지 우리의 머릿속에 남아 여전히 우리에게 적잖은 영향을 주고 있다는 사실을 접하게 된다. 그런 기억 중의 일부가 바로 자기 자신을 다른 사람에게 적극적으로 나서서 소개하는 것을 멈칫거리게 하고, 내가 먼저 주도적으로 대화를 이끌어 가는 것을 주저하게 만든다.

우리들 중 많은 이들이 어렸을 적에 부모님으로부터 다음과 같은 가르침을 받았을 것이다.

● 기다리는 사람에게 좋은 일이 생긴다.

● 침묵은 금이다.

● 적당한 시점에 소개될 때까지 잠자코 기다려라.

● 낯선 사람들에게는 말을 걸지 마라.

우리는 바로 이런 메시지에 길들여져 왔다. 이 충고들은 우리의 안전을 보장하고 예의범절을 준수하게 하는 메시지 역할을 해온 것 또한 사실이다. 그러나 성인이 된 지금 우리들에게 그 안전을 위한 의미는 새로운 사람을 만나는 데 있어 하나의 걸림돌이 되기도 한다. 성인이 된 우리에게 당시의 위험은 이제 더 이상의 위험이 아니라 새로운 관계를 위한 기회가 될 수 있기 때문이다.

우리는 이미 예의범절을 모두 잘 익혔다. 이제는 시대에 걸맞게, 그리고 상황에 어울리게 예전의 충고 메시지를 새롭게 대체할 때가 된 것이다.

▌안전한 상황이라면, 낯선 이에게 항상 말을 걸어라

친구, 협력자, 동료, 의뢰인, 혹은 고객 등 주위 사람들의 범주를 넓히고자 한다면 당신은 대화를 통해서 낯선 사람들과의 교제를 시작하는 것이 필요하다. 다른 건 필요 없다.

낯선 이들은 좋은 친구가 되고, 오랜 기간 동안의 의뢰인과 고객이 되고, 소중한 협력자가 되고, 또 다른 새로운 경험과 또 다른 사람과의 다리 역할을 해주게 되는 잠재력의 소유자들이다. 이제는 당신의 삶에 새로운 지평을 열어줄 수 있는 사람으로, 낯선 이들에 대해 다시 생각하라. 기억하라, 모든 친구와 협력자들도 한때는 모두 우리에게 낯선 사람들이었다는 사실을!

▮ 먼저 미소 짓고, 인사하고, 그리고 당신을 소개하라

가장 최근에 누군가가 당신을 또 다른 사람에게 소개한 적이 있다면 그게 언제였나? 사실, 여러 사람들을 초대한 주인은 그런 방식으로 한자리에 모인 사람들을 서로에게 소개를 시켜준다. 아마 당신도 그런 자리에 가본 적이 있을 것이다.

누군가의 파티에 초대를 받았다고 가정해보자. 당신을 초대한 주인은 반갑게 인사하며 당신을 맞고, 당신의 외투를 받아 걸어주고, 당신을 음식이 마련된 공간으로 안내한다. 그러고 나서 그 주인은 또 다른 방문자를 맞으러 다른 공간으로 이동한다. 그러는 동안 당신은 칵테일이 마련된 자리 옆에 홀로 남아 서 있게 된다. 당신 주변에는 당신이 전혀 모르는 사람들로 가득하다. 그러다가 주인이 다시 당신에게로 올 때까지 기다리고 있으면 그가 알아서 적절한 시점에 당신을 그곳에 함께 어울려 있는 다른 사람들에게 소개를 시켜준다. 드디어 당신이 한 잔의 칵테일과 함께 새로운 사람을 만나게 되는 순간이다.

그런데 그 사이 또 세월이 많이 변했다. 이제 사람들은 당신이 스스로 알아서 먼저 주위 사람들과 어울리며 자기 자신을 소개하고 서로 친교를 나눠주기를 기대한다. 베이비 루스(Babe Ruth)는 이런 말을 했다.

"당신을 혼란스럽게 하는 두려움을 걷어내라."

기억하라, 당신의 흉금이나 비밀을 털어놓고 지내는 가장 가까운 친구도 한때는 낯선 사람이었다는 사실을.

부담을 감수하라. 누군가에게 미소를 지으며 다가가 자신을 소개하라. 우선, 누군가에게 다가가 그와 눈을 마주하면서 우정의 손을 내밀어라. 그리고 미소와 더불어 말하라.

"안녕하세요. 제 이름은 _____입니다. 이렇게 만나 뵙게 되어 정말 반갑습니다."

당신이 어느 협회나, 혹은 어느 사교클럽이나 동호회 등의 회원이든 아니든, 당신은 아마도 그 단체나 협회의 끊임없는 멤버십 입회 권유에 대해 신경을 쓰게 될 것이다. 이어 연대감이나 비즈니스로 이어지는 일련의 단체를 찾아 거기에 합류하게 된다.

그러나 우리는 흔히들 자기가 기대하거나 원하는 것을 발견하지 못하면 그곳을 떠나거나 참여활동을 중단하곤 한다. 그러면서 그 단체나 모임 등을 우리가 참여할 수 없는 곳으로 생각하듯 다른 사람들 역시 그런 식으로 간주해버린다.

환영 만찬회, 커피 휴식시간, 특별 접견실, 결혼식장, 혹은 기타의 여러 장소에서 시간을 보낼 기회가 주어지면 주위를 둘러보라. 다가와 대화를 함께 나눠줬으면 하고 바라며 당신이 다가와 주기를 기다리고 있을 가능성이 있는 사람을 찾아라. 그리고 이 말을 기억하라. "당신이 미소를 지으면 온 세상이 전부 당신에게 미소를 보낸다"는 말을.

▍침묵이 언제나 금은 아니다

"침묵은 금이다"와 같은 옛 금언에 대한 지나친 집착이 당신의 성공을 방해하는 요인이 될 수도 있다. 침묵이 꽤나 부정적인 면을 지니고 있음을 처음 깨달은 것은 학력배경이나 업무능력이 나와 비슷한 처지에 있는 한 동료와 나란히 엔지니어로 일하고 있을 때였다. 업무처리 능력에 있어서도 우리는 말 그대로 앞서거니 뒤서거니 하는 처지였다.

그러나 한 가지 다른 게 있었다. 내 동료는 사교성이 풍부하고 외향적이며, 사람들과 잘 어울려 말도 잘 하는 친구였다. 사내의 마케팅 부서, 인적자원부서(인사과), 행정부서 등의 여러 부서에서도 그녀의 그런 특성을 잘 알고 있었다. 심지어는 후원업체에서도 그의 업무수행 방식에 대해서 자주 언급하기까지 했다. 그리고 승진기회가 왔을 때 그것을 먼저 꿰찬 것 역시 바로 그녀였다.

나는 그러질 못했다. 나는 그저 보이지 않는 존재로 존재하고 있을 뿐이었다. 너무나도 조용히 침묵만을 지키는 사람으로……

나는 비싼 수업료를 내고 나서야 침묵에 대한 교훈을 얻었다. 포춘 100대 기업의 지사장으로 근무하고 있는 친구 자니는 나를 데리고 다니며 자기가 근무하고 있는 회사의 각 부서를 일일이 보여줬다. 그녀의 상사이자 그 회사의 수석 부사장인 밥도 함께 각 부서를 돌아보았다.

내게 있어 밥은 너무나도 대단해보였다. 그의 위엄 있는 자태와 넘치는 품위, 그리고 모든 사람들을 대하는 그 자연스런 말솜씨는 정말 압도적이었다. 그러나 한편으로, 밥의 자신감이 나에게 위압적으로 작용하기 시작했다. 너무나 그를 의식한 나머지 그에게 제대로 말조차 걸기가 어려웠다. 그를 존경하면서도 말이다.

그러던 중 엔지니어링 세일즈(engineering sales) 부서로 자리를 옮기게 된 나는 자신에 대해 소개도 하고 회사의 서비스에 대해 홍보도 할 겸, 밥에게 전화를 걸었다. 그런데 나에 대한 소개를 마치기도 전에 그는 나에게 호통을 쳤다.

"당신이 지금 내게 전화를 걸어와 우리가 통화를 하고 있다는 사실이 믿기질 않는군요. 우리는 열두 번이나 같은 파티에서 만났어요. 당신은 그 모든 파티에서 나를 무시했지요. 당신처럼 건방지고 거만한 사람은 처음이었어요. 당신이 제안하는 그 어떤 것에도 나는 관심이 가질 않는군요."

나는 그의 반응에 할 말을 잃었다. 말 못하는 부끄러움이 다른 사람에게는 건방지게 보이는 큰 실수가 될 수도 있다는 사실을 그제야 깨달은 것이다. 수줍음과 건방짐은 분명 서로 정반대의 것임에도 불구하고, 종종 그것은 같은 것으로 보이곤 한다.

사람들은 대체적으로 이 부분의 오해에 있어서 의심의 여지를 두지 않는다. 따라서 침묵으로 인해 오만불손한 사람으로 오인되는 일이 없도록 하라. 자칫 그랬다가는 그에 상응하는 톡톡한 대가를 치르게 될 수도 있기 때문이다.

가벼운 말로 대화를 시작하면서 당신이 친절한 사람이라는 것을 사람들이 느끼고 경험하게 하라. 다른 사람들이 당신에게 그렇게 해주었을 때 당신이 그들을 얼마나 고맙게 생각하는지 당신 스스로가 잘 알고 있을 것이다. 그러니 이제는 당신 스스로가 그렇게 되어보라. 어른들이 예전에 당신에게 들려줬던 그 말과는 달리, 이제는 상황이 바뀌어 침묵이 항상 금은 아니라는 것을 유념하라.

❚ 좋은 일은 다른 사람들에게 다가가는 사람에게만 온다!

누군가가 당신에게 대화를 걸어올 때를 기다린다는 것은 허송세월하는 결과만을 가져올 뿐이다. 지금 곧 나서라. 당신이 관심을 두고 있는 사람이 먼저 당신에게 다가올 거라 생각하면서 그 순간만을 기다리며 세월을 축내고 있다면 당장 멈추어라. 그런 일은 일어나지 않는다. 일상적으로, 우리는 친구든, 협력자든, 동료든, 고객이든, 혹은 심지어 경쟁자까지도 우리가 알고 있는 그 누군가를 실제로 기다린다.

우리는 그들을 알고 있기 때문에, 동일한 관심사를 지니고 있기 때문에, 그리고 바로 그들과 같은 사람들을 만나려고 하기 때문에 우리는 그 사람들에 대해서 편하게 생각한다. 그리고 우리는 그런 사람들이 마련하는 이벤트에 참여하느라 적잖은 비용을 지불한다. 그 외에 별다른 것은 없다. 이미 알고 있는 사람들을 찾아서 그렇게 귀한 시간과 돈을 써댄다는 것이 의미 있는 것일까.

왜? 그냥 그들이 편하니까. 그들과 함께 하면 불편한 것도 없고 두려움도 없고 공포도 없으니까. 그렇다면 정작 중요한 것은 무언인가. 그 이벤트의 기본 취지는 새로운 사람을 만나고, 새로운 거래처를 확보하는 것이 아니었던가?

만일 사람들이 함께 어울려 주기를 기대하는 회합 장소가 있다면 그것은 권장할만한 그런 이벤트 장소가 아니다. 그것은 말 그대로 싱글들을 위한 이벤트에 불과하다. 그런데 또 희한 것은 오히려 그렇게 수줍고 부끄럼을 타는 싱글들을 유혹하는 악명 높은 사람들이 있다는 사실이다.

과거의 나를 포함해서, 싱글즈 이벤트에 모인 대부분의 사람들은 불편한 자세로 주위를 돌아보며, 내 친구가 되어줄 사람이 없는지를 살피며 대부분의 시간을 보낸다. 누군가가 먼저 다가와 내게 말을 걸어주기를 기다리면서 말이다. 그러다가 한 사람이 나타나면 친숙해진 그 사람과 함께 즉각적으로 그날 저녁 남은 시간 모두를 보내기 시작한다. 만일 그들이 서로를 원했다면 함께 밖으로 나가 데이트를 즐기던가, 아니면 밖으로 나가서 그날 저녁을 어떻게 보낼 것인가에 대한 계획을 세웠으면 어땠을까? 반대로 서로가 원하는 대상이 아니었다면 무엇 때문에 그렇게 그 시간 내내 둘이서 함께 시간을 보내는 것일까? 새로운 사람을 만나는 방식은 그게 다가 아니다.

좋은 일은 그것을 창조해내는 데 필요한 행동을 취하는 사람에게만 찾아온다. 미국의 영화배우이자 포크계의 전설인 윌 로저스(Will Rogers)는 이런 말을 했다.

"불리하거나 위험한 상황으로 나서라. 모든 열매와 과실은 바로 거기에 있다."

그의 말이 옳다. 안전한 영역을 뛰어 넘어 위험한 상황에 도전하는 두려움이야 물론 적지 않을 것이다. 그러나 도전하지 않고 마냥 기다리고 서 있다가는 결코 그 어떤 달콤한 과실도 맛볼 수 없게 될 것이다.

❚ 대화를 열어가겠다는 책임의식을 가져라

대중 앞에서 말하기는 우리 사회의 가장 큰 사회적 두려움이다. 그럼 두 번째는? 새로운 사람을 만나 그들과 함께 대화를 시작하는 것이다. 여기서 생각해볼 게 하나 있다. 점심식사 자리, 연회자리, 혹은 여타의 여러 이벤트 공간 속으로 걸어 들어갈 때 그곳에 와 있는 사람들이 나를 잡아먹을 지도 모른다는 생각에 막연하게 그들을 어떤 두려움의 대상으로 여기기도 한다는 사실에 대해서 말이다. 문제는, 상대로부터의 어떤 거부에 대한 두려움이나 공포가 당신으로 하여금 그들과 어울리며 그들의 세계로 빠져들어 하나가 될 수 있는 기회를 스스로 박탈시켜 버릴 수 있다는 현실이다. 그러나 분명한 것은, 실제로, 다른 사람들에 의한 어떤 거부나 배제의 가능성은 거의 희박하다는 사실이다.

따지고 보면, 인생을 살아가는 동안 당신이 모르는 사람을 만나 대화를 열어가는 기회를 갖게 되는 횟수보다 훨씬 더 많은 횟수의 위험 상황들을 접하게 된다.

한 걸음 더 나아가, 당신의 노력이 상대방에게 제대로 인정받지 못하게 되는 아쉬운 상황이 연출될 수도 있다. 그런 경우라면 또다시 그 사람을 만나게 될 거라는 예상은 거의 희박해진다. 그러나 당신의 노력이 상대방에게 어필될 경우에 상황은 사뭇 달라진다. 당신은 그와 대화를 열어나감으로써 영웅이 될 수가 있다.

당신은 그와의 지속적인 대화를 통해서 상대방으로부터 당신의 재능을 인정받고, 관계를 구축하고, 존경을 받을 수 있게 된다. 사람들은 당신의 노력을 가슴으로 받아들이고, 나아가 당신의 리더십을 인정하게 될 것이다. 어쩌면, 그들도 이미 전부터 당신과 새로운 관계를 형성하기를 원했던 사람들인지도 모른다. 다만, 당신처럼 먼저 나서서 그렇게 하는 것을 두려워했을 뿐이다. 결과적으로 보면, 당신은 시간과 세월을 아낀 셈이다!

누군가 다른 사람이 먼저 대화를 시작할 때까지 기다리는 것이 그간의 당신의 습관이었다면 아마도 당신은 자기중심적인 사람이었는지도 모른다. 당신은 다른 사람이 먼저 말을 걸어오는 것이 스스로에게도 편했기 때문에 그리 했던 것이다.

그러니 당신은 다른 사람과 하나의 상황을 균형 있게 이끌어가는데 책임을 다하지 않은 것이다. 따라서 지금까지 당신이 다른 사람에게 대화걸기에 대한 책임을 스스로 무시했다면 이제는 그것에 대한 책임을 다할 때가 된 것이다. 당신을 위한 대화를 이끌어가는 데 다른 사람에게 의존할 수는 없는 일 아닌가.

일련의 질문에 대한 단답식의 대답은 무거운 짐을 자신의 어깨 위에다 나눠지겠다는 생각이 없는 것이나 진배없다.

훌륭한 이야기꾼이 되기 위해서 대화에 시간을 투자하고 다른 사람이 편안함을 느낄 수 있도록 도움을 주는 활동을 하는 것은 필수적이다. 그럼 잠시 후부터는 서먹서먹한 분위기를 자연스럽게 풀어나갈 수 있는 질문의 목록을 한번 살펴보도록 하자.

잘 눈여겨봤다가 나중에 새로운 사람을 만나게 되면 사용해보도록 하라. 만일 그 내용들을 다 기억하지 못하겠거든 메모지에 적어서 주

머니나 지갑 속에 넣어가지고 다니다가 이벤트 장소에 들어가기 전에
다시 한 번 숙지하고 참고하도록 하라. 만일 행사장에 들어가서 머리
가 텅 빌 정도로 아무 생각이 나질 않거든 주위 사람들에게 양해를 구
하고 잠시 자리를 피해 화장실로 들어가서 그 목록을 다시 한 번 꺼내
어 살펴라.

가장 유명하면서도 이제는 진부해진 쇄빙선(서먹서먹한 분위기를 풀
어가는 것)이 된, 바로 그 오래된 질문이다.

"인생을 위해 어떤 일을 하시는지요?"

이젠 정말 흔해져버린 이런 유형의 질문은 이번 목록에서 제외시켰
다. 여기에 소개되는 내용 중에는 무척이나 신선함을 제공해줄 대화
를 열어가는 이색적인 것들도 포함되어 있다. 당신의 대화 상대는 당
신이 던지는 어떤 질문에도 대응할 수 있기 때문에 그에 대한 준비는
당신이 스스로 알아서 하도록 하라.

:: 서먹한 분위기를 풀기 위한 50가지 질문들

1. 평상시 당신은 어떤 날을 좋아하세요?

2. 만일 내일 당신에게 세상 속 어디로든 이동할 수 있는 상황이 주어진다면, 어디로 가시겠습니까? 그리고 그 이유는 무엇입니까?

3. 지금까지 당신의 직업 중에서 가장 마음에 들었던 것을 꼽으라면 어떤 게 있을까요? 그리고 최악의 것이라면 또 무엇을 꼽을 수 있을까요?

4. 당신이 지금까지 보냈던 휴가 중에서 가장 재미있었던 휴가에 대한 이야기를 들려주세요.

5. 비오는 날 유독 하고 싶은 일이 있다면 어떤 게 있을까요?

6. 지나간 당신의 삶 중에서 다시 되돌리고 싶은 순간이 있다면 그건 어떤 순간일까요?

7. 지금 딱 한 가지 갖고 싶은 게 있다면 어떤 게 있을까요? 그렇다면 그 이유는요?

8. 당신이 가장 좋아하는 친척의 이야기를 들려주세요.

9. 당신이 성장했던 곳의 모습은 당시에 어땠나요?

10. 가장 큰 꿈이나 목표는 무엇인가요?

11. 가장 좋은 나이가 언제라고 생각하나요?

12. 당신이 지금까지 살아봤던 여러 곳 가운데 가장 마음에 드는 곳

에 대한 이야기를 들려주세요.

14. 특별히 당신의 가족이 집안에서 전통적으로 즐기는 것이 있나요? 있다면 어떤 것인가요?

15. 당신이 맨 처음에 구입했던 차종은 어떤 것이었나요?

16. 어릴 적 당신의 영웅은 누구였나요? 그 사이 바뀌진 않았나요?

17. 가장 기억에 남는 은사님이 계시다면 어떤 분인가요? 왜 그분이 그렇게 기억에 남았나요?

18. 한 번 이상 본 영화나 책이 있다면 그것에 대한 이야기를 들려주세요.

19. 당신이 특별히 좋아하는 식당은 어떤 곳인가요? 왜 그 식당을 좋아하나요?

20. 당신의 이름은 어떻게 지어졌나요? 그 유래를 알고 있나요?

21. 당신이 이 세상의 모든 돈과 시간을 손에 쥐고 있다면 가장 먼저 하고 싶은 일은 무엇인가요?

22. 당신의 일생에서 가장 놀라운 경험을 했던 때는 언제인가요?

23. 당신이 계획했던 일 중에 가장 재미있었던 일은 무엇인가요? 그리고 다른 사람을 위해서 그런 일을 계획했던 적은 없었나요?

24. 스키를 탄다는 것은 항상 대단한 모험인 것 같아요. 당신은 스키를 좋아하나요? 특별히 좋아하는 스키장은 어떤 곳인가요?

25. 당신을 주인공으로 영화를 찍는다면 어떤 배우가 당신 역할을 했으면 좋겠나요? 그 이유는요?

26. 당신이 만나본 사람 중에 가장 유명한 사람으로는 어떤 인물이 있었나요?

27. 당신이 경험했던 것 중에 가장 예사롭지 않았던 일이라면 어떤

걸 꼽을 수 있을까요?

28. 파티에 갈 때 당신이 즐겨 입는 옷을 한번 묘사해 주세요.

29. 여긴 일부러 혼자 오신 건가요, 아니면 우연히 혼자서 오게 되신
건가요?

30. 당신이 꿈꾸는 집에 대한 이야기기를 들려주세요.

31. 당신의 삶이나 인생을 떠올리게 하는 노래가 있다면 어떤 것일까
요?

32. 당신이 먹어본 음식 중에 가장 기억에 남는 음식은 무엇인가요?

33. 당신이 직접 경험했거나 다른 사람에게서 들었던 내용 중에 가
장 기억에 남는 '우연의 일치'에 대한 이야기가 있으면 들려주
세요.

34. 과일이 잘 익었는지 알 수 있는 방법이 있을까요? 혹시 알고 있
다면 들려주세요.

35. 직접 인터뷰해보고 싶은 영화배우가 있나요? 그 이유는요?

36. 당신의 가족에 대한 이야기를 들려주세요.

37. 어떤 식물이나 동물에 대한 특별한 추억이 있나요?

38. 당신이 만난 사람 중에 가장 친절한 사람은 누군가요? 그 사람
에 대한 이야기를 들려주세요.

39. 혼자 있을 때 당신이 즐겨하는 일은 무엇인가요?

40. 어릴 적에 당신과 자주 말썽을 일으켰던 친구가 있나요?

41. 일상 속에서 당신이 가장 행복감을 느낄 때는 언제인가요?

42. 처음으로 집을 떠나 다른 곳에서 경험한 일에 대한 에피소드를
들려주세요.

43. 저녁시간에 당신의 배우자와 밖에서 시간을 보낼 때 가장 멋진

44. 당신의 학창 시절에 대한 이야기를 들려주세요.

45. 할아버지나 할머니에 대한 추억이 있나요?

46. 경험했던 일 중에 가장 황당했던 상황에 대해 이야기해주세요.

47. 세상 사람들이 당신에 대해서 추측하지 말았으면 하는 게 있다면 어떤 게 있을까요?

48. 어느 날 갑자기 백만 달러를 손에 쥔다면, 그 돈으로 무엇을 하겠습니까?

49. 당신의 업무 중에 가장 도전해볼만한 부분이 있다면 어떤 것인가요?

50. 인터넷은 당신의 삶에 어떤 식으로 영향을 미치고 있나요?

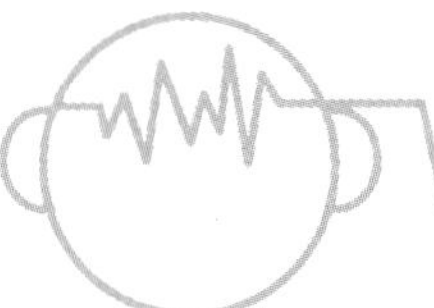

PART 3

두려워 말고
나서라

"상대방의 이름을 잊었다고 해서 그를 피하는 것은 어리석은 짓이다. 이제 생각을 멈추고 상대방에게 다가가 그의 이름을 물어라. 그러면 당신은 다시 기회를 얻게 될 것이며, 그로 인해 더욱 즐겁고 유쾌한 대화를 이끌어가게 될 것이다."

이제 당신은 서먹서먹한 상황을 풀어갈 수 있는 질문 목록으로 무장되어 있다. 이제 당신은 그 누구를 만나더라도 당당하게 인사를 건넬 수 있다. 우선 어떤 주제로 대화를 이끌어갈 것인가에 대한 판단을 하라. 그것이야말로 대화를 열어가는 데 있어서의 상쾌한 출발점이라 할 수 있다.

분명 이와 같은 출발은 사람만나는 기술을 진전시키는 데 적잖은 도움이 될 것이다. 그러나 사실 그런 상황에도 쓸데없는 걱정이나 염려를 하게 만드는 몇 가지 간극은 여전히 존재한다.

아직까지는 누군가 다른 사람이 당신을 대화에 끌어들일 때에만 응대하겠다는 생각을 가지고 있을 수 있다. 이를테면, 아들이 다니는 학교를 방문할 때 다른 학부모가 먼저 당신에게 다가와 인사하기만을 기다린다든가, 사업상 관련업체 관계자들 모임에 나갔을 때 유독 바쁜 척을 하면서 한편으로는 다른 관계자가 먼저 당신에게 다가와 말을 걸어주기를 기대하고 있을 수도 있다. 이제 더 이상 그런 방식을 계속하지 말자. 그렇게까지 스트레스를 받아가며 기다릴 필요는 없다.

당신이 먼저 대화를 시작하라. 그것은 생각보다 쉬운 일이다. 가장 중요한 것은 당신 자신의 운명에 더욱 책임의식을 가져야 한다는 것이다. 누군가가 당신에게 말을 걸어오기를 기다리는 대신 당신이 먼저 대화 상대자를 찾고 선택하라. 대화의 콘셉트를 잡아라. 소외감을 느끼며 주변을 맴돌지 말고 누군가를 택해 그에게 접근하라. 그와 함께 대화를 즐기지 못할 게 뭐가 있나!

룰은 간단하다. 한번 생각해보라. 누군가가 우리에게 미소를 보내오면 미소로 반응하는 것은 우리가 지니고 있는 아주 자연스런 속성이다. 그러니 그대로 한번 시도해보라.

당신이 만난 적이 있었던 사람에게 먼저 미소를 지으며 다가가 인사를 건네라. 너무 쉽지 않은가! 미소를 지으며 다정스럽게 인사를 하라. 그리고 이제 거기에 하나 더, 시선을 마주하라. 일련의 그런 작은 몸짓들로 서로 간의 관계구축은 시작된다. 그리고 같은 방식으로 또 다른 사람에게 관심을 보여 나가라.

그러나 그런 식으로 행동하는 것이 이불 속으로 뛰어들어 그것을 푹 뒤집어쓰고 싶을 만큼 꺼려진다면 어떤 특정한 상황이 아닌 일상

속에서 스치는 주위의 사람들에게 당신의 환한 미소를 선사하도록
하라.

이를테면, 쇼핑몰을 가로질러 가면서 지나치는 10여 명의 사람들
에게 가벼운 미소와 함께 "안녕하세요"라고 한마디의 인사말을 건
네라. 또는 주차장에서 식료품점 매장 안으로 걸어 들어가면서 마주
치는 점원들에게 그렇게 인사를 건네 보라. 그런 행동이 자연스러워
질 때까지 계속 해보라. 그러면 그것이 당신의 일상적인 습관이 될
것이다.

▌▌ 처음 만나는 사람의 이름을 먼저 기억하라

이제는 실제로 누군가와 함께 서로의 시간을 공유하며 대화를 나눌
차례다. 그냥 지나치면서 "안녕하세요" 하고 인사말을 건네는 차원이
아니다.

여기서 중요 포인트 하나. 먼저 상대방의 이름을 익혀라. 그리고 이
름을 숙지하고 그 이름을 불러주는 행위는 훌륭한 대화를 위한 가장
중요한 룰 중 하나다. 이어, 서로 간에 오고가는 소개말 내용에 신경
을 집중하라. 그리고 다음에 또 그를 만나게 되면 이름을 먼저 다시
언급하라.

"데브라, 이렇게 또 만나 뵙게 되어 반가워요."

그리고 상대방을 잘 기억하기 위해 대화를 나누는 동안 상대방의 이름에 유념하면서 그 이름을 언급하라. 시종일관 상대의 질문에 어떤 답을 할까에 대해 깊이 생각하기보다 상대방의 이름에 집중하라. 이름에 초점을 맞추고 반복해서 자꾸 불러라. 그러고 나서 당신의 생각을 짜임새 있게 말하라.

서로에 대한 소개가 진행되는 동안 당신의 집중이 순간적으로 느슨해져 상대방의 이름을 깜박 잊게 될 경우, 곧바로 시인하라! 상대방의 이름을 숙지하고 있는 척하면서 그냥 넘어가서는 안 된다. 차라리 "실례합니다만, 성함을 잠시 잊었네요"라고 솔직하게 말하는 편이 더 낫다.

이를테면, 당신이 상대방의 이름을 알고 있는 것처럼 행동하는 것보다는 상대방이 자신의 이름을 한 번 더 언급하게 하는 것이 더 낫다는 얘기다. 다른 상황에서도 마찬가지다. 상대방의 이름을 모르거나 잊었으면서 알고 있다는 듯이 행동하지 말라! 우연히 어느 곳에서 누군가를 만났는데 다름 아닌 이전에 한 번 만난 적이 있는 사람이다. 그런데 이름을 떠올릴 수가 없다. 실제로 흔히 있을 수 있는 일이다. 절대로 신의 가호를 기다리지 말라! 그럴 때는 즉시 말하라.

"죄송합니다만, 선생님의 성함을 잊었네요. 한 번만 더 말씀해주시겠습니까?"

이제는 더 이상 단순히 자기가 누군가의 이름을 잊었다는 이유로 걱정을 하면서 그를 피하려는 생각을 할 필요가 없다. 책임감을 가지고 당당하게 다시 한 번 정중히 물음으로써 상대방의 이름이 무엇인지를 되새기고, 그럼으로써 당신은 그것을 기회 삼아 그와 더욱 즐거운 대화를 이끌어나가게 될 것이다.

만일 당신이 언제 어느 상황에서 우연히 그를 만나게 된다면, 먼저 그에게 다가가서 인사말을 건네도록 하라. 이름을 잊었다는 이유로 당황한 나머지 그를 피하려 든다면 당신은 그 자체로 결례를 범한 사람으로 인식될 것이다.

우리가 만나는, 혹은 만나게 될 사람 중에는 외국인이나 독특한 이름을 가진 사람들이 종종 있다. 이럴 경우에는 그 이름의 발음을 어떻게 하는지 정확히 숙지해야 한다. 발음이 어려울 경우 당사자에게 몇 차례에 걸쳐 반복해서 들려달라고 할지라도, 혹은 심지어 메모지에 그 이름의 발음을 적어달라고 하게 되더라도 말이다.

만약에 당신이 다른 사람의 이름을 숙지하는 데 시간이 걸린다면 그가 당신에게서 다정함을 느낄 수 있도록 진심어린 관심을 표현하도록 하라. 역으로, 당신이 남들이 발음하기에 어려운 이름을 가졌을 경우엔 그들이 그 이름을 숙지하려고 일부러 애쓰지 않아도 된다는 배려의 메시지를 보내도록 하라.

누군가의 이름을 기억하려고 애쓰는 것은 늘 그만한 가치가 있다. 사실상, 누군가 다른 사람의 이름을 숙지한다는 것은 대화를 이끌어가는 데 있어서 무척이나 중요한 부분이다. 여러 손님을 초대한 주인은 늘 한자리에 모인 모든 사람의 이름을 알고서 그 이름을 불러준다.

왜냐하면 그는 새로운 사람이 주요 대화에 합류하게 될 경우 그들에게 그를 정식으로 소개해줘야 할 책임이 있기 때문이다.

나는 8인석 테이블에 앉아 있었다. 내가 그 자리에 앉게 되었을 때 이미 그곳에는 다른 세 명의 손님이 먼저 와 앉아 있었다. 그러고 나서 다른 사람들이 더 그 자리에 합석했다. 나는 일어나서 악수를 청하며 나 자신에 대한 소개를 먼저 한 다음, 나보다 먼저 와 있던 그 세 사람들에 대한 소개를 그에게 해주었다.

"이 분은 선마이크로시스템즈(Sun Microsystems)의 린다고요, 이 분은 러센트테크놀로지(Lucent Technologies)의 존이고, 이 분은 엔지니어안전협회(Association of Safety Technologies)에서 오신 샘입니다."

마치 주인처럼 행동하면서 그 자리에 모여 앉은 모든 사람들을 편하게 대해주었으며, 화기애애한 분위기를 만들어내면서 자연스럽게 대화가 오갈 수 있도록 했다. 이처럼 당신 역시 어느 자리에서건 사람들이 편안함을 느낄 수 있도록 돕는다면, 그들은 당신을 훌륭한 리더십의 소유자로 기억하게 될 것이다.

▌ 상대의 이름을 정확하고 올바르게 불러라

만일 누군가가 자신을 '마이클'로 소개한다면 그를 '마이크'로 부르지 말라. 만일 그가 '마이크'로 불리기를 원했다면 그는 당신에게 먼저 그렇게 말했을 것이다. 누군가가 어려운 이름을 가지고 있다면 그것을 숙지하려고 노력하라. 여기서 주의할 것은, 당사자의 허락 없이는 별명으로 상대방의 이름을 줄여서 부르지 말라.

한 사람 한 사람의 이름을 불러주고, 정확한 이름을 올바로 불러야 한다는 것을 언제나 유념하라.

다음의 일례를 참고하라.

나는 고객에게 전화를 건다. 그러자 그의 비서가 전화를 받는다.

"캐더린 윈터 사무실의 수잔입니다."

"안녕하세요, 수잔. 저는 데브라 파인입니다. 캐더린과 통화를 할 수 있을까요?"

잘 살펴보라. 나는 각각의 사람의 이름을 정확히 언급했다. 단 한 번도 임의로 그들의 이름을 부르지 않고 있다는 것에 주목하라.

수잔은 매우 중요한 사람이다. 그녀가 내 고객으로 이어지는 창구 역할을 하고 있기 때문이다. '수'라고 이름을 잘라 불렀다거나 그녀의 이름을 정확히 발음하지 못해 그녀의 기분을 상하게 한다면 내게는 결코 이로울 게 없다.

상대방의 이름을 불러준다는 것은 당신이 그들에게 관심이 있다는 표현이다. 그리고 그들이 원하는 이름을 불러준다는 것은 그만큼 당신이 그들에게 신경을 쓰고 있다는 표시이다.

여기 또 다른 사례가 있다. 한번은 반납 기한이 지난 비디오테이프를 반납하러 비디오가게에 간 적이 있었다. 컴퓨터로 반납 기일이 지난 비디오에 대한 연체료를 확인하느라 서로 잠시 기다리는 동안 점원에게 말을 건네기 시작했다.

짧게 서로의 대화가 오고가는 동안 나는 그의 이름을 정확히 언급하여 부르면서 비디오 상점 안에 있는 모든 영화를 혹시 봤는지에 대해 물었다. 바로 그때 컴퓨터 화면상에 내 연체료 내역이 구체적으로 나타났다. 그런데 그가 내 연체료 내역을 삭제하는 것이 아닌가. 그러고는, 내게 "좋은 하루 되세요!"라며 인사말을 건넸다.

누군가와 대화를 나누면서 진심어린 음성으로 그의 이름을 불러준다면 그 사람은 분명 당신으로부터 남다른 기분을 느끼게 될 것이다.

▌당신의 이름을 자연스럽게 주지시켜라

당신이 누군가를 만나게 되면, 설령 그가 이전에 만난 적이 있던 사람이라 할지라도, 그리고 그가 당신의 이름을 분명 기억하고 있을 거라 생각된다 하더라도 그에게 당신을 다시 한 번 인지시켜라. 그런 자세가 상대를 위한 친절함이라 여기고 행동하라. 일례로, 나는 악수를 청하며 인사말을 건넨다.

"어머, 패드릭 씨. 데브라 파인이에요. 안녕하세요?"

내 이름을 한 번 언급해줌으로써, 나는 혹시 있을지 모를 곤경으로부터 패트릭을 구한 셈이다. 만에 하나 그가 내 이름을 잊고 있었다면, 순간 그는 대단히 당혹스러웠을 것이다. 뿐만 아니라, 나와 대화를 나누는 내내 내 이름을 상기해내려 애를 쓰느라 귀중한 대화의 시간을 헛되이 보내게 될 것이다.

당신과 자주 맞닥뜨리는 사람이 당신의 이름을 기억하고 있을 거라고 단정하지 말라. 특히, 우연한 기회에 자주 만나게 되는 사람일 경우에는 더욱 그렇다. 일례로, 당신은 주말이면 부동산을 돌아볼 양으로 당신이 살고 있는 집 주위를 차를 몰고 다니는 부동산 중개인을 기억할 것이다. 그러나 그는 당신의 집은 기억하고 있을지는 몰라도 당신의 이름을 기억 못하고 있을 수도 있다. 따라서 만일 당신이 그를 만나게 된다면 인사를 나누면서 당신의 이름을 다시금 자연스럽게 언급하여 그에게 일깨워주도록 하라. 그가 당신과 함께 했던 순간을 떠올린다면 금상첨화일 것이다.

:: 대화를 자연스럽게 지속시켜 나가는 질문들

— 날이 정말 화창하네요. 봄에 특별히 좋아하는 어떤 게 있으신가
요?

— 전 정말 그 영화를 보고 깊은 감명을 받았어요. 당신은 어떻게 보
셨나요?

— 여기 레스토랑 정말 멋진데요. 당신이 특별히 좋아하는 레스토랑
은 어떤 데죠? 거기엔 당신만의 어떤 특별한 이유가 있나요?

— 꿈과 목표에 대한 추구는 우리의 삶을 하나의 모험으로 만드는
것 같아요. 당신의 꿈이나 목표는 어떤 것들이 있나요?

— 저는 이번에 새로 취임한 시장이 너무 맘에 들어요. 전임 시장의
경우와 비교해봤을 때 그를 어떻게 보고 계신가요?

— 정원 잔디가 언제 봐도 참 푸르던데, 그 비결이 뭐예요?

— 우린 지금까지 벌써 몇 달째 함께 계속 일해오고 있는데, 당신에
대해서 아직도 모르는 게 많은 것 같아요. 업무 이외의 외적인 관
심사가 있다면 몇 가지만 좀 들려주세요.

— 스텝퍼 운동을 꽤나 열심히 하시는 것 같은데요. 그것 말고 또 다
른 기구를 가지고 운동하시는 게 있나요?

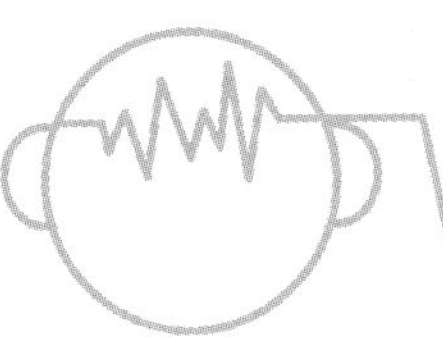

PART 4

대화를
계속 진행시켜라

"진심으로 우러난 관심 표현은 대화를 이어가는 데
있어서 필수적인 요소다."

뒷자리에 앉아서 누군가가 다가와 말을 걸어주기를 기다리지 말고 당신이 먼저 누군가에게 다가가 말을 건 다음, 적극적으로 대화를 이끌어야 한다는 것을 늘 명심하라. 마치 당신이 그를 초대한 주인인 것처럼 말이다.

이를테면, 당신이 저녁식사에 누군가를 초대했다고 생각해보라. 집으로 초대한 손님이 편안함을 느낄 수 있도록 하는 것은 주인으로서 당신의 의무다. 누군가 새로운 사람을 만났을 때도 상황은 마찬가지이다. 그를 손님으로 생각하라. 그리고 그 '손님'이 편안함을 느낄 수 있도록 최선을 다하라. 연회석상이나, 사람이 모여 있는 곳, 혹은 당신이 가는 어떤 곳에서든, 새로운 사람을 만나는 것을 최우선 과제로 생각하라. 대화에 사람을 끌어들이는 데는 그룹보다 한 사람이 훨씬 용이하다. 그러니 대화를 시작할 때에는 '접근 가능한 사람'을 찾는 것으로 시작하라. 그런 다음, 이번엔 다시 '접근 가능한 커플'을 당신의 대화에 끌어들이도록 하라. 가볍고 편안한 대화를 이끌어가기 위해서는 '접근 가능한 사람'을 찾는 것이 중요하다. 그러는 가운데 가벼운 대화를 나누는 기술이 차츰 향상되면 그때는 좀 더 자연스럽게 그 밖의 모든 사람들이 당신에게 접근 가능한 사람들이 되는 것이다.

그 '접근 가능한 사람'은 당신에게 눈빛으로 접근해 와도 된다는 의사를 표시할 것이며, 동시에 아직은 대화에 참여할 준비가 되지 않았다는 표정을 보내올 것이다. 무언가를 먹고 있는 사람, 당신 가까이에서 서 있는 사람, 테이블에 혼자 앉아 있는 사람, 대기실에서 혼자 앉아 있는 사람, 혹은 혼자서 연회공간을 가로질러 오가는 사람 등이 바로 당신이 접근 가능한 대상들이다. 생각보다 그들은 누군가가 다가와 말을 걸어주면 즐거워할 사람들이다. 알고 보면 그들은 영리하고, 재미있고, 사람들을 좋아한다. 그럼에도 그들은 아쉽게도 다른 사람들과 떨어져 있는 상황에서조차도 부끄러움을 타는 사람들이다. 그러나 분명한 것은 당신에게 그들이 두려워 할 대상은 아니라는 사실이다. 기억하라, 그들은 새로운 사람을 만나 어떻게 대화를 나눠야 할지에 대한 기술을 향상시키겠다고 마음먹기 전의 당신과 같은 사람들이라는 것을. 그러므로 그들에게 먼저 다가가 손을 내민다면 당신은 새로운 삶의 지평을 넓혀 더욱 풍요로운 인생을 살아가게 될 것이다.

앞으로 어느 공간에 들어서게 되면 먼저 그 공간 전체를 죽 둘러보도록 하라. 이는 결코 간과해서는 안 될 중요한 행동이다. 모임, 연회, 자동차 전시, 가족 연대모임, 혹은 사람들이 모인 곳이면 그곳이 어디든 간에, 그곳에서 무슨 행사가 벌어지고 있느냐는 그다지 중요한 문제가 아니다. 당신은 서 있는 사람, 이쪽저쪽으로 걸어 다니는 사람, 아니면 한자리에 붙박이처럼 가만히 앉아 있는 사람들을 보게 될 것이다. 기다리지 말라. 시선으로 그들과 마주하라. 그리고 그들에게 미소를 지어 보여라. 당신은 잠시 후 그들로부터 답례의 미소를 받게 될 것이다. 그러면서 서서히 그들은 당신에게 편안함을 느끼게 될 것이다. 마치 당신이 그 행사장의 주인인 것처럼! 그러면 그럴수록 그들은 당신에게 더욱 더 많은 관심을 보이며 당신의 말에 귀를 기울일 것이며, 서먹서먹한 분위기를 화기애애한 분위기로 바꾸고 있는 당신에게 호의로 화답을 하게 될 것이다.

마치 쇄빙선처럼, 어색하고 서먹서먹한 분위기를 풀어가는 스타일의 말이 대화를 열어가는 데 있어서 절대적으로 옳은 방법이라고만 할 수는 없지만, 그런 형태의 말이 중요한 역할을 하게 된다는 것만큼은 분명한 사실이다. 그러나 여기서 유념해둘 사항이 있다. 상대방에게 어떤 구체적이고 정확한 정보를 요하는 발언은 자제하는 것이 좋다. 그로 인해, 본의 아니게 자칫 대화의 분위기가 경색될 소지가 있기 때문이다. 뿐만 아니라 화기애애한 분위기속에서 서로 간에 대화가 오갈 수 있는 분위기를 단절시킬 수도 있다. 한편, "오늘 정말 날씨가 좋네요"와 같은 감탄조는 말하는 사람의 열정적인 의지가 반영되어 있지만, 상대방에 대한 직접적인 관심이나 의지표현으로는 적합하지 않다. 따라서 상대방에게 직접적인 의사나 의지를 표현하라. 그럴 때 상대방은 정중한 제스처를 넘어, 당신과 대화를 나누고 있다는 강한 믿음을 갖게 된다. 다음은 서로 대화를 시작할 때 서먹서먹한 분위기를 자연스런 분위기로 전환시키는 말과 질문 등을 정리한 것이다.

▌▌ 대화 무리에 합류하기 위한 몇 가지 접근전략

5명, 혹은 그 이상의 사람들로 이루어진 무리와의 만남이나 대화가, 초심자들에겐 거의 하나의 도전, 아니 그 이상이 될 수도 있다. 특히 그런 무리 속으로 끼어들어가 대화에 합류한다는 것은 더욱 더 큰 모험이라 하겠다. 더구나 그 보다 규모가 좀 더 큰 무리는 통상적으로 대화의 수비벽이 탄탄한 편이다. 그렇기 때문에 무리 속으로 들어가 그들에게 환영을 받기 위해서는 좀 더 전략적인 행동이 요구된다. 그래서 이들의 무리 속으로 합류해 들어갈 때 나름대로 요긴하게 활용할 수 있는 몇 가지 접근전략을 제시한다.

● 말하는 사람에게 관심을 보여라. 그러나 일단은 그 무리로부터 약간은 비켜나 있어라. 보통 그 정도 규모의 무리는 누군가 새로운 사람의 합류에 대해 보이는 호감이나 환대의 속도가 다소 더딜 수 있기 때문에 그들의 시선에 당신이라는 존재

를 먼저 익숙하게 만들어야 한다. 당신에 대한 반응은 즉각적이지 않을 수 있다. 그러나 일단 당신이 호감을 가지고 있다는 느낌을 받으면, 그들은 당신을 자신들의 무리 안으로 합류시킬 것이다.

- 그네들이 나누는 말을 경청하고 있었다는 것을 자연스럽게 보여주면서 그 무리 속으로 천천히, 그리고 신중하게 합류하라. 그러면서 그 무리 속에서 당신의 합류를 환영한다는 표시와 같은 징후를 찾아라. 이를테면, 어떤 논제에 대해 당신에게 의견을 묻는다거나, 혹은 당신이 합류함으로써 그 무리의 분위기가 한층 더 좋아졌다는 식의 반응을 찾아내라.

- 우선은 합일점을 찾는 것이 최상이다. 무리 속에서 발언을 하고 있는 사람을 인정하라. 서로 다른 의견이라는 거대한 암초에 부딪치기 전에 기다려라. 그들 앞에 당신의 견해를 표현하기 전에 그들이 당신을 환대할 수 있도록 하라. 일련의 과정이 없이 너무 강하게, 혹은 너무 빠르게 그들에게 합류하려 든다면 그들은 당신의 합류를 배척하게 될 수도 있다. 만일 그렇게 된다면 이전의 일련의 과정에서 당신에게 공격적이지 않으면서 당신과 함께 가벼운 말을 주고받을 수 있는 사람을 찾는 가운데 다시 처음부터 합류의 시도를 할 필요가 있다!

▌다른 사람의 말에 관심을 기울여라

모든 것이, 그리고 모든 사람이 불완전한 만큼, 상대방을 위한 관심과 배려의 노력이 필요하다. 중요한 것은 상대방과 대화를 시작하는 것이다. 먼저, 다른 사람이 하는 말에 관심을 보여라. 상대방에 대한 성실한 관심 표현은 대화의 기본 덕목이다. 내가 어떻게 체중을 65파운드씩이나 감량했는지, 어떻게 비즈니스를 시작했는지, 혹은 그 이외의 나에 대한 그 어떤 것에 대해 상대방이 관심을 보이면 당사자인 나는 특별한 기분을 느낄 수밖에 없다.

그렇게 되면 나 또한 자연스럽게 상대방에 대해 긍정적인 생각을 갖게 될 것이며, 나아가 상대방과 함께 지속적인 대화를 유지시켜 나가기를 원하게 될 것이다. 누구나 마찬가지겠지만, 누군가가 나에 대해 관심을 보여 오면 올수록 그 또한 나에게 그만큼 관심의 대상이 될 수밖에 없다. 세상의 이치가 그렇지 않은가. 그렇기 때문에 상대방에게 진정한 관심을 보이는 단순한 행위는 대화에 있어서 마치 구르는 눈덩이와 같은 놀라운 효과를 가져온다.

당신이 솔선하여 그 누군가에게 먼저 다가간다면 당신은 그와의 대화를 성공적으로 열어나갈 수 있다. 일단 시도해보면 그것이 결코 어렵지 않다는 것을 알게 될 것이다. 또한 당신은 그와의 대화를 통해 얻게 되는 긍정적인 에너지에 스스로 놀라게 될 것이다. 다음에 들려주는 5단계를 기억해 두었다가 잘 활용하면 분명 멋진 대화의 장에 당당히 서 있는 자신을 발견하게 될 것이다.

1. 미소를 지어라.
2. 눈빛을 마주쳐라.

3. 접근할만한 사람을 찾아라.

4. 당신의 이름을 말하고, 상대의 이름을 수차례에 걸쳐 언급하라.

5. 쇄빙선을 띄워라.

가능한 한 내가 들려준 대로 하라. 그 각각의 항목들이 얼마나 요긴한지는 스스로 알게 될 것이다. 진정한 노력은 먼저 "안녕하세요"라고 말하는 위험을 안는 것이다. 완전한 쇄빙선은 없다. 다만, 서로 간의 대화의 출발을 위해 최선을 다하라. 그런 다음, 당신과의 대화에 응하건 그렇지 않건 그것은 상대방의 판단에 달려있다. 한번 생각해보라. 그리고 일단 시도해보라.

먼저, 누구를 대화의 상대로 삼을 것인지를 판단하라. 그리고 그와 대화를 나눌 수 있는 상황이라는 판단이 들면 그에게 적극적으로 접근하여 대화를 나누기 위한 시간적 투자를 할 만한 가치가 있는지를 측정해보라. 물론, 지금 언급한 내용과는 상관없이, 당신이 접근한 사람이 이미 당신에게 응대할 의지가 있는 것으로 판단되는 경우도 있을 수 있다.

▌▌ 서로의 차이를 인정하고 공통점을 찾아라

사람들은 가끔씩 자신이 다른 사람들과 공통된 사항이 없다고 추정하는 오류를 범하곤 한다. 우리는 너무나도 쉽게 스스로에게 모든 유형의 차이에 편견을 갖게 하여 상대를 대화의 상대로 삼는 데 어려움을 자초한다. 이를테면, 우리는 성, 인종, 사회적 지위, 세대, 직업, 혹은 성공적인 대화에 인공적인 장애물을 만드는 기타의 여러 차별적 요소를 상대방에게 적용시킨다.

지나온 삶 동안 미국을 여행하면서 마주치는 각양각처의 수많은 사람들과 대화를 나누면서 나는 우리 모두는 서로 간의 차이점보다 서로 닮은 구석이 더 많다는 것을 알게 되었다. 다만, 말하고, 관심 보이고, 듣는 것에 대한 차이가 있을 뿐이다. 누군가에게 다가가 그에게 대화를 요청했을 때 나는 마치 하나의 양파껍질을 천천히 벗겨가는 것과 같은 기분이 들었다. 한 번에 양파 한 꺼풀을 벗기는 것과 같은 그런 느낌. 아직까지 내가 몰랐던 사람과 함께 대화의 시간을 갖는다는 것이 얼마나 재미있고 가치 있는 것인지를 알고 나는 항상 놀랍고 감사할 따름이다.

내가 참여했던 초창기의 한 프로그램에서 나는 그곳에 참석한 모든 사람들에게 관심을 보이며 한 사람 한 사람에게 자기소개를 부탁했다. 그리고 어떤 이유, 혹은 어떤 동기로 그 세션에 참가하게 되었는지에 대한 입장을 들려달라고 했다. 그 첫 번째 순서는 봅이라는 이름의 남자였다. 그는 고객서비스를 담당하고 있는데, 그의 상사가 그에게 고객들과의 대화기술을 향상시키라는 주문을 하여 그곳에 오게 됐다고 참여 이유를 밝혔다. 하지만 그는 상사의 명령으로 이곳에 오긴

했지만, 이 프로그램이 즐겁다고 했다. 그는 콜로라도 있는 엘리자베스라는 작은 도시에서 일을 하고 있었다. 그런데 그곳에서 싱글로 생활하는 동안 고립된 생활을 해오고 있었던 것은 아닌가 하는 생각에, 얼마간의 새로운 사람들을 만나고 싶었다는 것이다. 그와의 대화를 옮겨보면 다음과 같다.

"안녕하십니까! 저는 봅이라고 합니다. 콜로라도에 있는 작은 도시인 엘리자베스에서 왔습니다."

"파커(Parker)와 근거리에 있는 더글라스와 인접해 있는 바로 그 엘리자베스에서는 저도 살았던 적이 있어요. 바로 그 엘리자베스에서 오신건가요?"

"아닙니다. 지금은 파커 근처에서 살고 있습니다. 좀 더 정확하게 말씀드리자면, 폰데로사 파크 이스테이츠(Ponderosa Park Estates)라는 곳에서 살고 있습니다."

"폰데로사 파크 이스테이츠라고요? 어머나, 세상에. 봅, 저도 그곳에서 살았거든요! 폰데로사 레인(Ponderosa Lane)과 오버루크 로드(Overlook Road) 바로 근처에서 살았답니다."

"신기하군요, 데브라. 제가 지금 바로 그 오버루크 로드에서 살고 있거든요."

"봅, 정말 놀랍네요. 저는 오버루크 로드 120번지에 있는 통나무집에서 살았어요."

"이거야 정말…… 신기하네요, 데브라. 정말 놀랍네요. 제가 지금 살고 있는 집이 바로 그 오버루크 로드 120번지에 있는 통나무집이거든요!"

사실을 확인해본 결과, 1985년도에 내가 살던 그 집을 산 사람이 1991년에 다른 곳으로 이사를 가면서 그 집을 봅에게 판 것이다. 이와 같은 우연한 만남의 기회로 인해, 그리고 봅이 엘리자베스에서 왔다는 사실에 내가 관심을 가짐으로 해서 봅은 나와 내 가족을 초대했다. 그리고 나는 예전에 내가 살았던 그 집을 다시 보게 되는 기회를 갖게 되었다. 그리하여 우리 가족은 과거에 살았던 그곳을 가보게 되었으며, 아이들은 너무 어렸을 적에 살았기 때문에 아무것도 떠올릴 수 없는 과거의 추억과 역사가 담긴 그곳에서 그들만의 새로운 경험을 하게 되었다.

사람들에게 다가가려는 노력을 지속적으로 하라. 그리고 그들에 대해서 관심을 가져라. 그러면 반드시 그에 대한 충분한 보상을 얻게 될 것이다. 당신은 이미 내가 제공한 적잖은 분량의 쇄빙선(서먹서먹하고 어색한 상황을 타개시킬 수 있는 말과 질문들) 항목들을 보유하고 있다. 바로 그 항목들이 당신의 대화접근 시도에 큰 도움이 되어줄 것이다. 당신은 노력하는 것 이상의 많은 것들을 창조해낼 수 있다.

상대방에게 이야깃거리를 제공하라

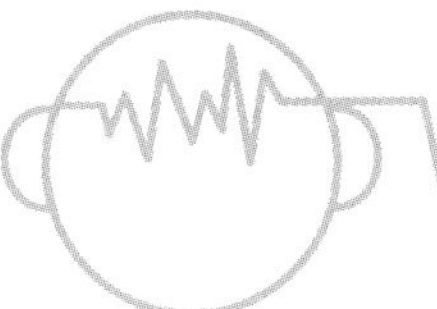

"당신이 만일 날카로운 통찰력을 지닌 관찰자라면, 당신의 새로운 지인이 대화를 지속시켜 가기 위해 당신에게 풍요로운 정보를 제공하고 있다는 것을 인지하게 될 것이다."

당신은 미소를 짓고, 눈맞춤을 하고, 가까이 다가갈 수 있는 사람을 찾아내고, 당신의 이름을 전달하고 상대방의 이름을 수차례에 걸쳐 반복하여 불렀다. 이제 무엇이 더 남았을까? 그걸 묻고 싶을 것이다. 그러나 아직도 많이 남아 있다! 이어서 하고 싶은 말은 두려움을 갖지 말라는 것이다. 실제로 알고 보면 재미있는 일이 더 많다.

당신의 사명은 자기 자신에 대해 말을 할 대화 파트너를 찾는 일이다. 대부분의 사람들은 저마다 그런 이야기 나눌 기회를 즐긴다. 만일 당신이 오히려 사람들에게 그런 기회를 준다면 그들은 당장에라도 입을 열기 시작할 것이다. 이것이야말로 당신이 다른 사람들과 대화를 나누는 데 있어서 성공을 거둘 수 있는 가장 손쉬운 방법이다.

▌모든 것은 질문 속에 있다

끝없는 질문을 던짐으로써 당신은 대화 파트너에게 길건 짧건 그가 원하는 만큼의 말을 할 수 있는 기회를 제공하게 된다. 이런 질문들은 '예', 혹은 '아니요'와 같은 단순한 답이 아닌 그 이상의 것을 요구한다. 그럼에도 불구하고 그 질문은 상대방에게 그 어떤 부담도 주지 않는다. 당신의 대화 파트너는 자기가 얼마나 말을 편하게 하고 있는지에 대해서 스스로 판단하게 될 것이다. 그런 질문들은 특히 단답식의 대답을 요하는 비즈니스 파트너, 아이들, 이웃, 친척들, 업계 동료들, 미래 유망고객들, 혹은 친구들에게 효과적이며, 누군가 새로운 사람과 처음 만나게 될 때에도 효과적이다. 열려 있는 질문을 성공적으로 사용하게 되는 열쇠는 적절한 질문을 택한 다음 필요하다면 또 다른 질문을 계속해서 이어나가는 것이다.

일례로, 초등학교 학생처럼 가장 힘들고 어려운 대화 상대를 택하는 것이다. 대화상대로 아이들을 고려한다는 것은 어쩌면 모순일 수도 있다. 이를테면, 아이들과 대화를 갖는 것은 대단히 힘들고 어려운 일이 될 수도 있기 때문이다. 그럼에도 불구하고 그들은 아이들이기 때문에 그들에게서 금방 이해받지 못하는 점 등을 고려하여 아이들을 통해 대화의 기술을 연마할 수 있다. 그래서 나는 실제로 내 두 아이들과 대화를 나눈다.

한 예를 들어보겠다. 하루가 저물어 갈 무렵 아이들이 학교를 마치고 돌아와 현관을 지나 거실로 들어선다. 그때 나는 이렇게 묻는다, "오늘 학교생활은 어땠니?" 이에 대한 답으로 아이가 상투적으로 답하는, "별 일 없었어요"라는 말을 내가 대신하면서, 문답이 끊어지기 전에 또 다른 질문을 던진다. "오늘 학교에서는 어떤 수업이 재밌었니?" 그러면 열여섯 살 먹은 아들은 상투적으로 또 이렇게 대답한다. "몰라요." 그러면 나는 또 아들의 얼굴을 똑바로 쳐다보면서 말한다. "오늘 재미있었던 수업시간에 대한 얘기를 좀 해줘봐." 그러면 그 아이는 잠깐 동안 그 부분에 대해 생각하고는 짧게 대답한다. "과학시간이요." 그러면 나는 또 이렇게 묻는다. "과학시간에 뭐가 재미있었는데?" 그러면 아들은 수업시간 중에 실험했던 한 상황을 다채롭게 묘사한다. 우리 모자는 예상치도 않았던 대화를 하게 된 것이다. 가장 기본적인 것은 당신이 상대방에게 진정으로 관심을 갖고 있다는 것을 보여줌으로써 서로간의 소통의 기본이 되는 통로를 열어 갈 필요가 있다는 사실이다.

▌▌좀 더 깊이 파고들어라

　매주 월요일이 되면 직장 여기저기에서는 사람들이 서로 "주말 어떻게 지내셨어요?"라고 묻는다. 그러면 대부분의 사람들은 "잘 지냈어요. 그쪽은 어땠어요?"라고 간단한 문장으로 대답한다. 이제부터는 그런 대답을 하기 전에 한번 생각을 해보는 게 어떨까. 진정 묻고 싶은 것이 있는지. 어떤 메시지가 담긴 답을 해야 하는 것인지. 방금 언급한 유형의 문답으로 봐서는 실제로 상대방에게 별 관심이 없어 보인다. 그런 인사말들은 그냥 "안녕하세요"라는 말과 다를 바가 없다.

"휴가는 어땠어요?", "휴일은 어땠어요?", "업무는 좀 어때요?", "안녕하세요?", "그간 무슨 일을 하며 지내 오셨는지요?", "그간 어떻게 지내 오셨는지요?" 이 인사말들은 표현만 조금 다를 뿐이지 "안녕하세요(Hello)"라는 인사말과 크게 다를 바가 없다는 얘기다. 이런 인사말들은 진심에서 우러난 안부인사라기보다는 그냥 의례상 하는 상투적인 인사말로 거의 전 세계 사람들에게 통용되는 표현이 됐다. 그러니 그 인사말들이 그 다음의 여지를 여는 질문들이 아니라는 사실만은 분명하다.

대화가 끝나는 시간은 대부분은 서로 간단한 인사말을 나눈 직후가 된다. 내 남편 스티브에게 묻는다, "오늘 하루 어땠어요?" 그러면 그는 이렇게 대답한다, "아주 좋았어." 대화는 거기서 끝나버린다. 그것은 대화를 이끌어가기 위한 여지가 없다기보다는, 대화를 끝까지 이어가겠다는 의지의 부족이다. 남편은 하루 동안 있었던 일들에 대해 만일 내가 거기서 이것저것 더 묻지 않으면 아마 내가 자기에 대해 정말로 아무런 관심이 없어서 그런다는 식으로 생각하는 것 같다. 나는 남편에게 계속해서 질문을 함으로써 그와의 대화를 이끌었다.

"좋았었다고요. 잘 됐네요. 일이 어떻게 진행됐는지 들려주세요."

일정한 질문을 가지고서 누군가와 대화를 시작하게 되면 언제나 상대방에게 좀 더 깊게 파고들 준비를 하라. 그래야 상대는 당신이 자기에 대해서 뭔가 좀 더 관심 있게 듣고 싶어 한다고 생각할 것이다. 그런 상황에서 오갈 수 있는 몇 가지 질문에 대해 살펴보자.

- "지난여름은 어떻게 보내셨는지요?" "아주 잘 보냈답니다." "그 중에 뭐 특별한 일들은 좀 있었나요?"

- "휴일은 어떻게 보내셨는지요?" "아주 좋았어요." "어떤 일이 있으셨는지요?"

- "주말은 어떻게 보내셨는지요?" "좋았어요." "어떤 특별한 일이 있으셨나보죠?" "극장에 연극을 보러 갔었거든요." "정말요? 연극에 관심이 있으신가 보네요. 전혀 몰랐어요. 그 연극에 대한 얘길 좀 들려주세요."

- "휴가는 어땠어요?" "근사했어요." "재밌었던 에피소드에 대한 얘길 좀 들려주세요." "바다낚시를 갔었거든요……."

- "평상시 여가에 어떤 것을 즐겨 하시는지요?" "보트타기, 아니면 낚시를 합니다. 그리고 가끔 수영을 즐기기도 하지요." "보트타기의 매력은 뭘까요?"

동업자나 장래의 고객과 함께 적절한 질문을 통해 이어지는 대화는 서로 한 잔의 커피를 나누는 시간으로 충분히 채워질 수 있다. 당신이 상대방에게 던지는 질문에 대한 답변을 듣고자 하는 진정한 바람과 더불어, 상대방이 말하는 것에 진정한 관심을 가지는 것이 주요 열쇠이다. 대화를 나누는 동안 침묵을 지키면 당신은 상대방에게 적극적이지 않은 사람으로 비쳐질 수 있다. 따라서 적극적으로 대화에 참여할 필요가 있다.

이런 상황을 한번 가정해보자. 당신이 고객이나 상사에게 전화를 걸어 주말에 대한 안부를 물으며 이루어지는 대화를 살펴보자.

"주말은 어떠셨어요?" "아주 좋았답니다." "말씀해주세요." "글쎄요, 우린 정원일을 하면서 시간을 보냈답니다. 그래서 바로 그에 대한 얘긴데요. 자, 그럼, 이 제안서에 대해선 어떻게 생각하시는지요?"

이 경우, 상대방이 개인적인 일로 대화를 나누기 보다는 곧바로 비즈니스관련 얘기로 돌아가길 바라고 있다는 것을 감지할 필요가 있다. 그의 말에 따르면, 그는 그 순간엔 적어도 잡담을 나누고 싶지 않은 것이다. 그럴 때에는 분위기를 비즈니스 모드로 바꾸어 그의 바람을 존중해야 할 필요가 있다.

좀 더 깊은 대화로 파고 들어가는 또 다른 예를 한 번 들어보겠다. 당신이 묻는다, "그동안 어떻게 지내셨는지요?" 이어 이런 답을 듣는다, "바쁘게 지냈어요." 그 다음에 당신은 또 이렇게 말을 이어갈 수 있다. "바쁘신 일은 이제 잘 정리되어 가고 있는지요.", "그렇게 바쁘게 했던 그 일은 지금 어떻게 진행되고 있는지요.", "바쁘신 일상을 한번 들려주세요.", "바쁘신 일상이 오히려 맘에 드시는지요?", "보시기에, 올 한 해 동안 바쁘신 일에 어떤 주기가 있다는 생각은 안 해보셨는지요?", "지난 삶을 돌아볼 때, 바쁘지 않던 때가 있었을까요? 혹시 있었다면 그게 언제였는지 기억나십니까?"

그렇지 않으면 또 이렇게 물을 수도 있다. "정말 멋진 날씨 아닙니까?" "그렇네요, 정말 멋진 날씨군요."

이번엔 이런 질문으로 당신은 화답할 수가 있다. "이 지역은 정말 따뜻한 것 같네요.", "당신은 어떤 날씨를 좋아하시나요?", "날이 좋으면 당신은 그에 대한 영향을 받으시는지요? 어떤 스타일이십니까?", "바로 지금의 이런 기온을 유지하고 있는 다른 곳에서 살아보신 적이 있으신지요?", "그렇다면 이곳엔 어떻게 오게 되셨는지요?"

물론, 당신이 막 만난 사람보다 이전부터 알고 있던 사람에게 적절한 질문을 하면서 열려 있는 대화를 나누는 것이 훨씬 쉬울 것이다. 새로운 사람을 만나면 물론 재량껏 하되, 어려운 질문을 하면 상대방이 난처해 할 수가 있다. 그리고 또, 우리는 이따금씩 열린 대화를 위해 그에 어울릴만한 질문을 한다고 하는데 오히려 실제로 던지는 질문은 한두 마디의 답변으로 그치게 되는 그런 질문을 하게 되는 경우도 있다.

관련업계 사람들과 함께 어울릴 필요가 있을 때, 혹은 고객이나 장래의 잠정고객과 함께 점심식사를 하게 될 경우, 어떤 물음을 가지고 상대방에게 질문을 할지에 대해 미리 준비를 하라. 매 경우에 요긴하게 쓸 수 있는 몇 가지 질문들을 정리하라. 물론, 목표는 소개하고 있는 모든 내용들을 전부 일일이 묻는 것이 아니라, 그중 요긴할 거라고 생각되는 것 몇 가지를 준비해뒀다가 나중에 그것들을 적절하게 활용함으로써 자신감과 여유를 갖는 것이다.

▋ 열린 질문을 최대한 활용하라

명민한 관찰자는 꾸준히 대화를 이끌어가기 위해 상대방이 그에 어울리는 풍부한 정보를 자기에게 끊임없이 제공해주고 있다는 사실을 대화중에 감지해낸다. 대화를 나누고 있는 두 사람 중 한 사람이 열린 대화를 위해 상대방에게 그에 상응하는 질문과 정보제공을 한다는 얘기다. 그 중, 직업이나 가족 등에 대한 정보제공은 열린 대화의 출발에 좋은 소재가 된다. 이를테면, 당신이 내게 이런 질문을 했다고 치자. "데브라, AT&T의 상품기획부에서 일해 보니 어떻던가요?" 그러면 나는 아마 이렇게 말할 것이다. "저는 뉴욕 버펄로에 있는 연구개발부서에 있었어요. 제가 바로 거기서 왔잖아요. 정말 맘에 안 들었어요. 엔지니어는 딱 질색이에요. 그래서 저는 다른 곳으로 보내달라고 회사에 요청을 했었거든요. 그렇게 해서 뉴욕에서 이곳 덴버로 이동하게 되었답니다. 그리고 부서도 연구개발부서에서 상품기획부서로 옮기게 되었지요." 나는 이 대화를 통해 상대방에게 다양한 정보를 제공했다. 버펄로에서 왔다는 것, 연구개발실에 있었다는 것, 그리고 엔지니어가 맘에 들지 않았다는 것 등등. 결국 당신은 자신이 가장 큰 관심을 둘만한 부분에 대해 더 많은 정보를 구체적으로 찾아낼 수 있는 여러 정보 중에서 하나를 고를 수 있게 된다. 따라서 당신은 대화의 길이와 한계를 열어 놓는 질문을 유용하게 활용함으로써 대화를 이끌어갈 수 있다.

● 버펄로의 겨울은 정말 만만치 않은 것 같던데요. 그렇지 않나요? 사람들이 보통

  알고 있는 것보다 더 많은 눈이 내리지 않나요?

● 당신은 왜 엔지니어가 싫으세요?

● AT&T에서와 마찬가지로 한 회사를 위해 일하는 것은 연구개발실(R&D)도 마찬

  가지 아닌가요?

나는 세미나를 했던 강의실을 나와 엘리베이터 앞으로 걸어갔다. 마침 한 남자가 다가오고 있어서 엘리베이터를 잡고 있었다. 통상적으로 나는 세미나를 전후로 하여 사람들을 따로 만날 시간적 여유가 그다지 없는 편이다. 그래서 나는 비록 지극히 한정된 공간 속에서의 한정된 시간이지만 상황만 허락하면 엘리베이터에서 만나는 사람과는 그래도 짧게나마 몇 마디 주고받는 편이다. 그러면서 나는 내 나름대로 그 시간을 통해 자연스럽게 간단한 정보를 얻곤 한다. 내가 세미나를 이끌었을 바로 그 시간에 같은 층에서는 또 다른 강좌 하나가 있었다. 엘리베이터에서 내가 만나게 된 그 남자를 내가 진행한 세미나 시간에 본 기억이 없으니 그는 분명 다른 강의실에서 강좌를 들었을 것이다. “세미나 강연을 들으러 오셨나보네요?” 그는 책 쓰기 강좌 반에서 있다가 왔다고 했다.

나중에 알고 보니 내가 그 엘리베이터 안에서 잠시 대화를 나누었던 사람은 다름아닌 베스트셀러 작가이자 그 책쓰기 강좌의 강사인 해리 맥린(Harry MacLean)이었던 것이다. 그때 우리 두 사람은 엘리

베이터에서 내려서도 잠시 대화를 계속해서 나누었으며, 이제는 나의 새로운 친구가 되었다. 심지어 그는 이제 내가 운영하는 북클럽에 연락하여 자기가 최근에 발표한 책, 『옛날 옛적에(Once Upon a Time)』에 대한 소개를 해주기까지 했다. 편하고 간단하게 나누는 대화를 좋아하는 이유 중 하나는 내가 마주하여 대화를 나누는 상대가 누가 될지, 혹은 어디서 그런 상황이 벌어질지 전혀 모르는 데서 오는 어떤 기대에서 비롯된 것인지도 모르겠다.

주의 깊게 주위를 관찰한다면 당신은 사람들의 해동을 통해서 손쉽게 많은 정보를 얻을 수가 있다. 당신은 다른 사람들이 말하고 글 쓰는 방식을 통해서 그들을 만날 기회를 얻을 수가 있다. 사람들이 왼손잡이인지 눈여겨봐라. 그렇다면 이렇게 물을 수 있다, "왼손잡이라는 것이 하나의 도전이죠? 그것 때문에 화가 났던 적은 없었나요?" 그리고 그들의 말투를 주목하라. 만일 말투에 남다른 억양이 있다면 또 이렇게 물을 수 있다, "말씀하시는 억양이 좀 개성이 있으시네요. 어느 지방 출신이세요?", 혹은 "여긴 어떤 일로 오셨는지요?", 혹은 "고향을 떠나오고 나서 가장 보고 싶은 사람은 누구인가요?", 혹은 "이곳에서 생활하면서 가장 즐거운 것은 무엇입니까?"

한편, 나는 가까운 곳에 있는 페덱스(FedEx) 사무실을 찾아 들어갔다. 사실, 페덱스 서비스를 필요로 했던 주된 이유는 어디론가 급히 발송해야 할 배달물이 있었기도 했거니와 그와는 별개로 또한 거기서 내가 원하는 정보를 서둘러 얻어야 할 게 있었기 때문이다. 그런데 나는 그곳에서 담당 직원이 해당란에 관련사항을 꼼꼼히 채워 써넣는 모습을 먼저 지켜보게 되었다. 그 왼손잡이 담당 여성 직원의 필체가 너무나도 완벽할 정도로 아름다워 나는 놀라움을 금치 못했다. 나는 질문이 아닌 칭찬의 말을 그녀에게 아끼지 않았다. 그러나 그녀는 무척이나 담담하게 반응하는 것이었다. 이어 나는 그녀가 한때 학교 선생님이었다는 것과 그녀의 필체가 스스로의 의지에 의해 거의 완벽하게 이루어진 배경에 대해, 그리고 애리조나로 이주한 한 사실, 이혼한 내용, 그리고 재혼을 하여 다시 콜로라도로 이주한 사실 등에 대한 풀 스토리를 그녀로부터 전해들을 수가 있었다. 나는 단 시간 내에 그녀가 이해되지 않았다. 그녀는 내가 문을 닫고 나오는 그 순간에도 여전히 계속해서 뭔가 말을 하고 있었다!

▌미소와 함께 곧바로 상대에게 관심을 가져라

이제 새로운 사람을 만나 그들을 당신의 대화에 끌어들이면서 기본적인 대화를 유지시켜 나가는 데 좀 더 익숙해질 것이다. 비즈니스 상황에서 사용할 수 있는 확실한 질문 다섯 가지를 떠올릴 수 있겠는가? 자연스럽게 정보를 취득할 수 있는 여섯 가지의 원천(source)에 각각 이름을 붙일 수 있겠는가? 그러기 위해서는 당신이 현재 처해 있는 상황을 관찰할 필요가 있다. 멋진 대화를 이끌 수 있는 중요한 소재들을 위해 당신은 무엇을 염두에 두고 있는가?

다른 활동에서도 늘 그래왔듯이 내가 말하는 방식대로 하면 다른 사람들과의 대화는 분명 지금보다 훨씬 더 나아질 것이다. 그것은 전혀 어렵지가 앉다. 고등학교 시절에 배운 기하학보다 훨씬 더 쉬운 게 그것이다. 곧바로 미소와 함께 시작하라. 그리고 상대방에게 관심을 가져라. 차츰차츰, 당신은 새롭게 알게 된 대화 상대자에게 다양하고 풍성한 대화 거리를 풀어놓게 될 것이다.

∷ 어떤 비즈니스 석상에서도 안전한 질문들

— 비즈니스는 언제부터 시작하셨습니까?

— 이 아이디어는 어떻게 해서 나온 거죠?

— 주요 관심 분야는 어떤 것입니까?

— 초창기엔 어떠했었습니까?

— 지금의 일을 전문적으로 하시면서 가장 즐거웠던 순간이 있었다면 언제였는지, 그리고 어떤 일로 즐거우셨는지에 대한 말씀을 들려주십시오.

— 당신의 회사가 다른 경쟁사들을 따돌리게 된 배경을 무엇으로 보고 계신지요?

— 현재 종사하고 있는 전문분야에서 직면하게 되는 도전이나 저항이 있다면 몇 가지 말씀해주세요?

— 당신께서 종사하고 계신 분야에서의 앞으로의 전망이나 흐름을 어떻게 보고 계신지요?

— 당신의 사업을 홍보하는 데 있어서 가장 효과적인 방법이었다고 판단되는 게 있었다면 어떤 것인지 들려주시겠습니까?

— 당신에게 있어서 가장 중요한 업무 경험이라면 무엇을 꼽을 수 있겠는지요?

— 당신과 동일한 분야의 비즈니스를 막 시작하려는 사람에게 들려

주고 싶은 충고가 있다면 어떤 게 있을까요?

— 당신이 실패하지 않았던 이유를 단 한 가지만 꼽는다면 무엇을 말씀해주시겠습니까?

— 현 업계에 몸담으신 이후로 중요한 변화가 있었다면 뭘 꼽으시겠습니까?

— 사업을 하시면서 가장 흔하게 경험하는 사건이나 사고라면 어떤 걸 지적할 수 있을까요?

— 인터넷이 당신의 사업에 끼진 영향으로는 어떤 것 있을까요? 전반적으로 살폈을 때 어떻습니까?

— 당신에게 시간과 돈이 문제가 아니라면 뭐가 문제가 될까요?

말하는 사람에게 관대한 경청을 선물하라

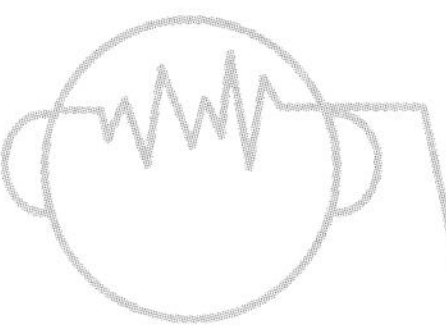

"상대방이 말하고 있을 때 제대로 경청하지 않아 서로 간의 인간관계를 위태로운 지경에 빠지지 않게 하라."

지금까지 우리는 새로운 사람을 만나는 데 필요한 요소의 절반을 점검하였다. 대화를 어떻게 이끌어야 하는지, 서먹서먹한 분위기를 어떻게 극복해 나가는지, 그리고 대화를 어떻게 꾸준히 유지시켜 나가야 하는지에 대한 것 등이 바로 그것들이다.

당신은 이제 무엇을 하면 되고, 또 무엇을 하면 안 되는지에 대해 인지했을 것이다. 하지만 이 세 가지를 숙지하고 있다고 해서 모든 대화에서 성공을 거두는 것은 아니다. 일단 대화가 시작되면, 그 대화가 훌륭한 대화가 되느냐 아니면 그렇지 않은 대화가 되느냐 하는 것은 이 두 가지 요소에 의해 판가름 난다. 바로, 말하기와 듣기이다. 과학적인 연구조사에 따르면, 일반적으로 사람은 1분에 약 300단어 정도 꼴로 들을 수 있는 것으로 나타났다. 반면, 우리 대부분은 1분에

고작 150~200단어 정도를 말할 수 있다고 한다.

그런데 또 흥미로운 사실은, 주어진 시간에 노출되는 것보다 더 많은 양의 정보를 취할 수 있는 능력을 바로 우리 인간이 지니고 있다는 사실이다. 그렇다면 우리는 이와 같은 초월적인 능력을 가지고 무엇을 하고 있는가? 우리는 그 능력을 제대로 활용을 하고 있기나 한 것일까?

우리는 이따금씩 좌중에서 다른 사람들이 하는 말을 딴 나라 사람의 말을 듣듯 건성으로 듣는다. 그러면서 그 시간에 저녁으로 뭘 먹을 것인지에 대해 생각한다. 그렇게 우리는 자신의 사적인 사고 영역으로 끝없이 줄달음치다가 어느 순간 완전히 영역을 벗어나 버리고 만다. 너무나도 멀리 멀어져 가 버린 것이다. 그리고는 마침내 우리는 중요한 그 무언가를 놓쳐버리고 만다.

심리학자 칼 로저스(Carl Rogers)는 "대화를 차단시키는 가장 큰 요인은 상대방의 말에 지혜와 이해심을 가지고 요령 있게 경청하는 능력의 결여에 있다"고 말했다. 정신분석학자 앤 아펠바움(Dr. Ann Appelbaum)은 '메닝거 클리닉(The Menninger Clinic)' 의 뉴스레터인 〈퍼스펙티브(Perspective)〉에 삶의 수단의 근원을 이렇게 표현했다. "황야에서 들리는 울음소리의 이미지는 고독감을 말해준다. 들리지 않는 것은 오히려 광기이다. 우리는 필요한 것을 요구해야 한다. 우리는 자신이 필요로 하는 것을 위해 그것에 정당성을 표현해야 한다. 대단히 중요한 부분이다. 그렇기 때문에 그것을 잘 경청하는 사람에겐 상금이 주어진다. 일례로, 정신분석학자들은 다른 사람들의 입장에 대한 정당성을 입증해주기 위해 그의 말에 귀를 기울이고, 그것에 대한 대사로 생계를 유지해 나간다."

당신은 누군가의 필요에 의해 그의 말을 들어줄 상대가 되어 함께 식사를 하러 나간 적이 있는가? 만일 그랬다면 당신은 거의 한마디의 말도 못했을 것이다. 그저 상대방의 기분을 맞추고, 말을 하더라도 그저 몇 마디 정도의 맞장구치는 것 정도. 그러면서 고개를 끄덕이고, 그렇게 당신은 상대방의 말에 경청을 했을 것이다. 상대방은 나중에 훨씬 더 좋아진 기분을 느꼈을 것이다. 그리고 여전히 당신과의 '대화(?)'에 크게 감사해 할 것이다. 그러나 통상적으로 사람들은 그런 사람과 그런 대화의 시간을 갖는 것을 크게 환영하진 않는다. 그러나 누군가가 필요로 할 때 당신이 그 사람의 대화 상대가 되어 준다면 당신은 분명 상대를 배려할 줄 아는 남다른 사람으로 인정받게 될 것이다.

▌경청은 그저 듣는 것만이 아니다

늘 빠른 속도로 변하는 테크놀로지 세계에서, 우리는 주변으로부터의 분산된 자극과 요구로 인해 늘 집중포화를 당하고 있는 상황이다. 그러다 보니 누군가의 말에 진지한 자세로 경청하는 것이 늘 도전의 과제가 되기도 한다. 경청은 이제 더 이상 당연히 이루어져야 하는 미덕이 아니다. 오히려 흔치 않은 이례적인 미덕이 되어가고 있다. 그러나 어쨌든 바람직한 경청을 이루기 위해서는 세 가지의 요소가 함께 어우러져야 한다. 보이는 것, 말하는 것, 그리고 정신적인 마음상태가 그것이다. 그 세 가지 요소가 결합될 때 강력한 경청의 효과가 발생한다. 말하는 사람은 당연히 그 세 가지 요소를 갖춘 대화 파트너를 좋아하게 될 것이다. 만일 당신이 그렇게 한다면 상대방은 당신을 전보다 더욱 더 좋아하게 될 것이다.

경청에 대한 심리적인 전개과정은 관찰자의 눈에는 보이지 않는다. 이를테면, 우리는 말하는 사람이 의도한 메시지가 상대방에게 받아들여졌다는 것을 확인할 만한 그 어떤 것을 육안으로 관찰할 수가 없다. 결과적으로, 말하는 사람은 자신의 메시지가 제대로 전달이 되었는지 그것을 입증할 수 있는 눈에 보이는 신호를 감지하기 위해 상대를 자연스럽게 관찰할 필요가 있다. 당신에게서 나온 가시적인 신호는 당신이 상대방에게 주의를 집중하고 있다는 사실을 당신의 대화 상대자에게 알리기 위해 활용할 수 있는 가장 훌륭한 지표이다. 얼굴 표정, 머리 끄덕임, 손동작, 그리고 긍정적인 몸짓언어는 상대방에게, 그리고 그가 하는 말에 관심을 표현하고 있다는 명징한 방식이자 신호이다.

여덟 살 먹은 니콜라스가 학교에서 돌아와 집 안으로 헐레벌떡 뛰어 들어왔다. 그러고는 때마침 집안에서 신문을 보고 있던 아빠에게 그날 자기가 겪었던 엄청난 일에 대해 말을 꺼내기 시작했다.

"아빠, 오늘은 학교에서 아주 멋진 날이었어요. 오늘 미술시간이 있었거든요. 저는 산을 그렸어요. 그리고 체육시간에는 축구를 했어요. 그리고 제가 한 골을 넣었어요. 그리고 그 다음엔 무슨 일이 있었는지 아세요? 점심으로 피자를 시켜줘서 먹었다고요!"

말을 마친 니콜라스가 여전히 신문을 보고 있는 아빠의 모습을 보고는 한숨을 내쉬며 말한다. "아빠, 제 말 듣고 계신 거예요?" 그의 아빠가 고개를 들어 아들을 올려다보며 대답한다. "그럼, 듣고 있단다, 아들아. 미술시간엔 산 그림을 그리고, 축구 시합에선 한 골을 넣었다며. 그리고 점심으로는 피자를 먹었고." 니콜라스가 그다지 달갑지 않은 표정과 말투로 대답한다. "아니에요, 아빠. 그게 아니라고요. 아빠는 지금 제 말을 듣고 계신 게 아니라고요. 지금 다른 걸 보고 계시잖아요."

니콜라스의 아빠가 아들이 하는 말을 정확하게 다 듣고 있긴 했어도 니콜라스는 기분이 그다지 좋지 않다. 아빠가 자기가 하는 말에 완전히 집중을 하지 않고 듣고 있었기 때문이다. 니콜라스는 아빠로부터 그날에 있었던 사실 그대로보다도 더 큰 그 어떤 것을 기대하고 있었고, 아빠의 반응을 보고 싶었고, 아빠와의 연대감을 느끼고 싶었고, 아빠가 자기 이야기에 관심을 쏟아주기를 바랐으며, 이야기를 하는 동안 자기 이야기에 대한 어떤 정당성을 얻고 싶었던 것이다.

경청이라는 것은 단순하게 말을 듣는 것 이상의 것을 의미한다. 대화의 내용을 단순히 되새기는 것을 넘어 상대방의 말에 자신을 연관

짓는 단계이다. 넌버벌 커뮤니케이션(nonverbal communication, 비언어적인 의사소통으로, 언어가 아닌 몸짓, 표정, 신체 접촉, 냄새 등으로 의사소통하는 것을 뜻함―옮긴이)의 개척자인 레이 버드휘슬(Ray Birdwhistle)은 통상적으로 보통 두 사람간의 대화에서 언어로 이루어지는 대화는 어떤 하나의 상황에 대한 사회적인 의미를 35퍼센트도 채 전달하지 못하는 것으로 추정하고 있다. 그에 반해, 언어를 사용하지 않고 이루어지는 대화는 반대로 65% 이상의 의미를 전달하는 것으로 추정했다. 상대방의 말을 경청할 때에 자신의 시선을 상대방의 시선에 유지시키는 것은 대단히 중요하다. 상대방이 한참 말을 하고 있는데 주위를 두리번거리는 행위는 바른 행동이 아니다. 그러니 누군가와 대화를 나눌 때에는 반드시 그에게 시선을 둔 채 그의 말에 집중을 해야 한다.

다시 몸짓언어(보디 랭귀지)에 대한 얘기다. 몸짓언어는 상대방에게 당신, 그리고 당신 자신이 그의 말을 경청하고 있다는 것을 단적으로 보여주는 신호이다. 당신이 팔짱을 끼고 다리를 꼬고 앉아 상대방의 말을 듣고 있다면 당신 스스로가 상대방에 대해 방어적인 태세를 취하고 있다는 것을 보여주고 있는 신호를 보내고 있는 것과 다름없다. 설령 날씨가 쌀쌀해 당신이 그런 자세를 취했다 해도 말이다. 당신이 고개를 숙여 시선을 자꾸 아래로 향하게 한다면 상호간의 대화를 피하고 있다는 메시지를 보내고 있는 것과 마찬가지이다. 당신이 부끄럼을 많이 타서 그런다거나, 혹은 상대방이 자기에게 계속해서 말을 이어가 주기를 바라는 마음에서 그런다 해도 말이다! 일반적으로 사람들은 당신의 속마음이나 속사정이 어떤지는 알 수가 없다. 그렇기 때문에 그런 것은 무시되고 다만 당신에게서 보이고 읽히는 몸짓이나 표정의 신호를 보고 상대방은 그대로 반응을 하게 된다. 결국, 그런 이유들 때문에 당신은 다른 사람들에게 다가가기 어려운 사람으로 간주될 수도 있다는 얘기이다. 또, 만일 당신이 턱에 손을 괴고 있다면 그것은 당신이 상대방의 말에 지루해 하고 있다는 신호로 비춰질 수가 있다. 그리고 또, 손을 당신의 엉덩이 부분에 올려놓고 있게 되면 상대방에게 도전적으로 보일 수도 있으며, 때로는 상대방이 하는 말이나 혹은 그와의 대화에 그다지 재미를 느끼지 못하고 있다는 것을 보여주는 신호로 보일 수도 있다.

서로 간에 대화를 나누며 자신의 관심과 열정을 보이는 방법엔 꽤 여러 가지가 있다. 당신이 다음과 같은 모습을 보일 때 열심히 말하고 있는 상대방은 당신에게서 긍정적인 메시지를 받는다.

- 몸(상체)을 약간 앞으로 숙여라.

- 시선을 상대방에게 유지하라.

- 팔을 벌려 열어놓아라.

- 자세를 편안히 하라.

- 상대방의 얼굴을 바라보라.

- 고개를 끄덕이며 미소를 지어라.

어찌 보면 다소 쉽다 여길 수 있는 대화기술이다. 그러나 이와는 달리, 신경질적인 습관을 극복한다든가, 긍정적인 몸짓언어를 사용한다든가 하는 것은 나름대로의 연습과 집중이 요구된다. 그러나 어쨌든 앞서 언급한 내용을 늘 염두에 두고, 되도록이면 그대로 따라서 하려는 노력을 기울여라. 그러면 머지않은 장래에 그것이 곧 당신의 제2의 천성이 될 것이다.

또한 당신은 상대방의 스타일과 유사하게 자신의 스타일을 변화시킴으로써 대화를 나누는 과정에서 상대방에게 한층 편안함을 제공할 수가 있다. 만일 천천히 그리고 부드러운 어조로 말을 하는 사람과 대화를 나누고 있다면 당신 역시 그와 조화를 이룰 수 있도록 음성을 낮춰야 한다. 그렇게 함으로써 당신은 느린 말투와 부드러운 음성을 지닌 사람과 충분히 조화를 이뤄낼 수가 있다. 내가 이렇게 말한다고 해서 당신 자신만의 개성이나 특성을 버려야 한다는 것은 아니다. 당신은 당연히 자신의 개성을 유지할 필요가 있다. 다만, '주인(host)'으로서, 상대방인 '손님'이 보다 더 편안함을 느낄 수 있도록 편의를 고려해야 할 필요가 있다는 의미이다.

▌▌당신이 경청하고 있음을 드러내라

말로 표현되는 언어적 신호는 당신이 말하는 사람에게 전달하는 가시적인 신호를 좀 더 보완하는 효과를 지닌다. 이를테면, 당신의 언어적 신호의 부재는 상대방으로 하여금 그 자신이 하는 말을 당신이 제대로 듣고 있는 것인지에 대해 의구심이 들게 한다. 일례로, 나는 버펄로(Buffalo) 계시는 친정아버지에게 전화를 걸었다. 나는 아버지께 내 아이들에 대한 근황을 전해드리고 있었다. 그런데 수화기 너머의 아버지께서는 줄곧 아무런 말씀이 없으셨다. 나는 재빨리 하던 얘기를 멈추고 아버지께 물었다, "아버지, 지금 듣고 계신 거예요?" 그러자 아버지께서는 다소 역정을 내시면서 "당연히 네 애비 여기 있다. 네 말 듣고 있다고. 어서 계속해서 내 손자 녀석들에 대한 얘기를 들려다오"라고 말씀하시는 것이었다. 그래서 나는 "전 또 아버지가 아무 말씀도 없으셔서 갑자기 어디 눈더미 속에라도 파묻히신 줄 알았죠"라고 말씀드렸다. "난 그저 중간에서 네가 하는 얘기를 방해하지 않고 싶었을 따름이다"라고 아버지께서는 말씀하셨다.

당신이 상대방의 말을 열심히 듣고 있다는 것을 그에게 자연스럽게 알리는 데에는 여러 가지의 다양한 언어적 신호가 있다. 이런 간단한 언급들은 당신이 상대방이 하고 있는 말에 관심을 가지고 있으며, 또한 더 많은 것을 알고 싶어 한다는 것에 대한 표현이 된다. 그리고 당신은 자신이 상대방의 말에 긍정적인 반응, 아니면 그의 의견에 동의하지 않는다는 반응을 보여주기 위해서, 혹은 특별히 어느 내용에 대해, 혹은 그 이외의 어떤 또 다른 내용에 대해서 더 듣고 싶어 한다는 것을 보여주기 위한 언어적 신호를 사용할 수도 있다. 다양한 상황에서 어떤 언어적 신호가 당신에게 유용할 지 다음에 제시하고 있는 각각의 항목들을 한번 눈여겨보도록 하라.

▎ 당신이 어떤 상황인지를 보여주고 싶을 때

⟹ 하나의 아이디어에 대해 더 듣고 싶을 때

"좀 더 말씀해주세요."

"당신의 경우였다면 어떠셨을 것 같아요?"

⟹ 상대의 의견을 전적으로 수용하고자 할 때

"으음, 알겠습니다……."

⟹ 긍정적으로 반응하고자 할 때

"정말 흥미롭네요! 대단한 성과인 걸요!"

⟹ 이야기 방향에 변화를 주고자 할 때

"다른 한편으로, ……에 대해선 어떻게 생각하세요?"

⟹ 아이디어를 확대하고자 할 때

"같은 맥락에서, 당신은……? 왜……?"

➡ 주장/ 논박하고자 할 때

"당신은 그것에 대해 입증할 만한 어떤 증거를 가지고 있나요?"

➡ 당신 자신을 관련시키고자 할 때

"제가 그걸 할 수 있을까요?"

"그게 저에게 어떤 의미가 있을까요?"

➡ 자신의 생각을 명확히 하고자 할 때

"……에 대한 당신의 생각에 제 자신이 확신은 들지 않네요."

➡ 감정이입을 하고자 할 때

"확실히 더 망가졌어야 하는 건데……."

➡ 일반적인 것을 구체화하고자 할 때

"한 가지 실례를 들어주시겠습니까?"

➡ 세부적인 것을 일반화하고자 할 때

"여기 이 큰 그림은 뭐죠?"

➡ 현재에서 미래로 가고자 할 때

"다음엔 어떤 상황이 벌어질 거라고 생각하시는지요?"

➥ 현재에서 과거로 가고가 할 때

"처음에 어떤 일이 있었던 거죠?"

➥ 유사함/차이를 느낄 때

"이런 걸 전에 보신 적이 있나요?"

"상반된 관점이라는 게 어떤 거죠?"

➥ 극단/ 대조를 느낄 때

"그 아래는 뭐가 있을까요? 혹은 최적의 조건은 뭐죠?"

다른 주제로 전환함으로써 대화의 물꼬를 다른 곳으로 틀 수 있는 기능과 역할을 하는 언어적 경청의 신호를 한번 살펴보자.

● 그 말을 들으니 ……가 생각하네요.

● ＿＿에 대한 말씀을 들으니 ＿＿에 대한 기억이 떠오르는군요.

● 사실 있잖아요, 제가 바로 신문에서 ＿＿에 대한 기사를 막 읽고 있었거든요.

● 사실, ＿＿에 대해서 늘 여쭤보고 싶었거든요.

● ＿＿에 대해 들었을 때에는 정말 당신이 생각이 나더라고요.

● 제가 주제를 바꿔도 괜찮겠습니까? 사실은 당신과 같은 전문가를 만나게 되면 꼭 여쭤보고 싶은 게 있었거든요.

위에서 제시한 모든 언어적 신호는 당신이 현재의 상황에 충실하고 있다는 것을 보여준다. 그 표현들은 상대방이 계속해서 말을 지속시켜 나갈 수 있도록 용기와 격려를 준다는 차원에서 대단히 중요하다. 누군가가 당신에게 질문을 하고 당신이 한 문장으로 대답을 한다고 상상해보라. 그들이 실제적으로 어느 정도의 정보량을 습득하는 데 관심이 있는 것인지 확신하기 어려울 것이다. 따라서 만일에 상대방이 던진 질문에 대한 답을 하는 과정에서 당신이 그로부터 어떤 언어적 신호를 감지하게 된다면 당신은 그가 실제적으로 어느 정도의 관심을 당신에게 보이고 있는지를 감지하게 될 것이다. 말로 표현되는 언어적 신호는 다른 사람들에게 그들이 계속해서 이야기를 진행해도 된다는 신호이다. 따라서 다른 사람들이 계속해서 말을 했으면 한다는 적극적인 의사 표현으로 언어적 신호를 사용하라. 그렇게 해야 당신은 좀 더 시간적 여유를 가지고 식탁 위의 샐러드를 먹을 수 있지 않겠는가!

조용한 사람들은 종종 자신들의 끔찍한(!) 경청 스킬을 두고 자축한다. 그들은 이렇게 말한다.

"말 많고 수다스러운 사람들은 절대 남의 말에 경청을 하는 일이 없다. 하지만 적어도 우리네 조용한 사람들은 시종일관 입을 꾹 다물고 상대방의 말에 경청을 한다!"

그러나 바로 이런 태도가 문제다. 이런 태도는 대화의 과정에서 참여의사의 부족을 반영하는 하나의 신호로 상대방에게 인식될 수 있다. 따라서 우리가 상대방의 말을 열심히 적극적으로 듣고 있다는 것을 보여주기 위해 언어적 신호를 사용하는 것이 중요하다는 얘기이다. 조용한 사람들은 눈에 들어오지 않는다. 다시 말해서, 상대방의 말에 맞장구를 치면서 호응하는 사람이라기보다는 오히려 대화의 관찰자처럼 보일 수 있다는 얘기이다.

▮ 말할 필요도 없는 당연한 것을 말하라

당신이 상대방으로부터 들었던 말을 다시 풀어서 말하거나, 혹은 어떤 특정 내용을 반복하여 언급하면 말하는 사람의 입장에서는 당신이 자기가 한 말을 잘 듣고 이해한 것으로 판단한다. 그의 입장에서 보면 그야말로 의심의 여지가 없는 것이다. 이것은 당신이 상대방의 말에 동의를 못하겠다거나, 혹은 상대방의 말을 듣고 보니 그 말이 지나치게 복잡하거나 기술적이고 전문적이어서 뭔가 더 설명을 요구할 필요가 있는 경우엔 특히나 효과적이다. 당신이 화자의 말을 한 번 더 풀어서 표현하게 되면 그만큼 당신은 그의 말을 보다 명확히 이해할 수 있는 기회나 여지를 스스로 만드는 셈이다. 뿐만 아니라, 그것은 말하는 화자 자신이 이야기하고자 하는 것을 당신이 혹시라도 잘못 이해했을 경우 그것을 바로 잡는 기회가 되기도 한다. 이를테면, 내가 집안일을 하는 데 있어 남편의 도움이 부재하다는 사실을 탐탁지 않게 여기고 있다고 하자. 우리는 그 문제에 대해서 서로 의논한다. 그 결과, 나는 남편 스티브로부터 자질구레한 집안일에 좀 더 신경을 쓰며 돕겠다는 약속을 받아낸다.

그러나 2주 후에 나는 스티브를 보고 펄쩍 뛰지 않을 수가 없었다. 집안 구석구석에 할 일이 태산인데 뭐 하나 일을 제대로 돕고 있는 모습을 볼 수가 없었기 때문이다. "집안의 자질구레한 일을 돕겠다고 약속하지 않았나요? 대체 그 약속은 언제나 지킬 생각인가요?" 나는 간청하다시피 했다. "무슨 소리예요. 나는 이미 내 나름대로 당신을 돕는다고 돕고 있는데." 남편 스티브가 여기에 한마디 덧붙였다. "나는 목요일마다 집안 여기저기에 있는 쓰레기통을 모아 밖으로 가지고 나가 비우곤 했다고요." "집안일을 돕는다는 게 그럼 그거였어요?" 내가 물었다. 나는 애초에 적어도 남편이 집안일의 절반 정도는 도와주리라 기대했었다. 그러나 도와달라는 내 요구에 응하겠다는 그의 의미를 분명히 하기보다, 나는 그가 의미했던 것을 내 방식대로 받아들이고 이해했던 것이다. 그는 내가 어떤 도움이라도 받게 된다면 자기에게 감사할 것이라 생각했었던 것이다. 남자든 여자(그리고 어린이)든 사람들은 같은 말에 대해서 정확하게 말을 하긴 한다. 그러나 같은 말임에도 불구하고 각자가 의미하고 있는 말뜻이 완전히 다른 경우가 있을 수 있다. 직장에서, 가정에서, 그리고 그 외의 어떤 곳에서든 오해를 사전에 방지하기 위해서는 각자 자신의 말을 정확히 하고, 상대방의 말은 정확히 이해해야 하며, 그 과정에서 화자의 어떤 말이 복잡하거나 이해가 잘 안 갈 경우에는 그 말을 다시 풀어서 정확히 짚고 넘어가야 한다.

상대방이 한 말 중에서 석연치 않는 어느 특정한 대목이 있다면 그 것을 반복해 언급하라. 그렇게 함으로써, 훗날 당신은 오해로 인해 빚 어질 수 있는 분노를 미연에 방지할 수 있는 혜택을 얻게 되는 것이 다. 사람들은 보통 남들이 자기를 이해하고 있다는 것을 깨닫게 되면 자연스럽게 안정감을 느낀다.

이를테면, 숙련된 고객서비스 매니저들은 화가 난 고객들이 하고 있는 말을 다시 한 번 반복해줌으로써 적대감의 수위를 낮출 수 있다 는 사실을 알고 있다. 일단 그들은 상대 고객의 기분을 진정시켜놓은 다음 자신의 입장과 전문가적인 입장에서 나오는 메시지를 전달한다.

▌▌ 당신의 대화 파트너의 말에 집중하라

만일 당신이 대화를 지속적으로 따라가면서 거기에 집중을 유지시 키지 않았다면 당신에게서 표출되는, 그야말로, 눈으로 보이는, 혹은 말로 표현하는 모든 신호들은 아무짝에도 쓸모가 없게 된다. 훌륭한 대화 파트너는 서로 간에 오간 말을 지속적으로 유지시킨다. 만일 너 무나도 지루해서 대화를 계속해서 유지시켜 나가기가 힘들다면 상대 방에게 당신의 지루해 하는 모습을 보여 그를 황당하고 난처하게 하지 말고, 그럴 때에는 차라리 우아한 자세로 대화를 끝내고 퇴장을 하라.

한번은, 내가 어느 한 여성과 함께 사업상 점심을 같이 한 적이 있었다. 그 자리에서 나는 내 아이들에 대한 얘기를 하면서 내 남편이 치과의사란 얘기도 함께 했다. 그로부터 얼마가 지났을까, 내가 잠시 하던 말을 멈추고 있는 사이 그녀는 나더러 결혼을 했느냐고 묻는 것이 아닌가! 틀림없이 그녀는 내 이야기 도중에 잠시 다른 데에 정신을 팔았던 게 분명하다.

경청에 실패함으로써 서로 간의 관계를 위태로운 지경에 빠트리지 말라. 대화 파트너로서 당신이 응당 해야 할 일은 상대방이 말을 할 때 진지하게 들어주는 것이다. 이것은 선택의 문제가 아니다. 대화를 할 때 반드시 요구되는 하나의 기본적인 예의이다. 어떤 이유로 해서든, 만일 당신이 화자의 말에 집중을 할 수가 없다면 사전에 양해를 구하라. 비주얼한 신호, 언어로 표현되는 신호, 그리고 정신적 신호 등을 통한 당신의 메시지는 상대방에게 대화에 임하는 당신의 매너를 말해준다. 만일 당신이 대화의 덫에 갇혔다고 느끼거나 혹은 진행되고 있는 대화로부터 어떻게 탈출해 나와야 할지를 모르겠거든 계속해서 이 책을 주시하라. 그 딜레마에 대해서도 곧 접하게 될 것이다.

:: 경청을 위해 가장 중요한 10가지 조언

1. 다른 사람의 말에 귀 기울이고 싶어 하는 법을 배워라. 바람, 관심, 집중, 자기훈련에 대한 필요는 그것들에 대한 관심을 향상시킨다.

2. 당신이 훌륭한 경청자라는 사실을 상대방에게 알려라. 당신이 주의깊게 듣고 있다는 것을 말로, 그리고 표정으로 상대방이 알게 하라.

3. 멋진 정보를 기대하라. 그러면 보다 더 자주 좋은 정보를 얻게 된다.

4. '온몸으로' 듣는 청취자가 되어라. 귀와, 눈과, 마음으로 들어라.

5. 노트를 하라. 당신의 정보력을 유지시키는 데 도움이 된다.

6. 지금은 오직 들어라. 보고는 나중에 하라. 당신이 들은 것을 누군가에게 말해줄 것인지에 대한 계획을 세워라.

7. 다른 사람에게 센스있는 자세를 유지함으로써 관계를 구축하라. 대략적으로, 편안한 분위기의 연출을 위해 몸짓, 얼굴표정, 그리고 목소리 패턴 등을 잘 컨트롤하라.

8. 내적으로나 외적으로나 자세가 흐트러지지 않도록 스스로를 통제하라.

9. 상대방에게 너그럽고 여유 있는 표정으로 화답의 표시를 하라.

10. 주의를 놓지 말라. 공상에 빠져들지 말라. 상대방의 말을 듣는 도중 길을 잃어 표류하거나 그 초점에서 벗어나지 않도록 조심하라.

철저한 준비로 대화가 단절되는 것을 막아라

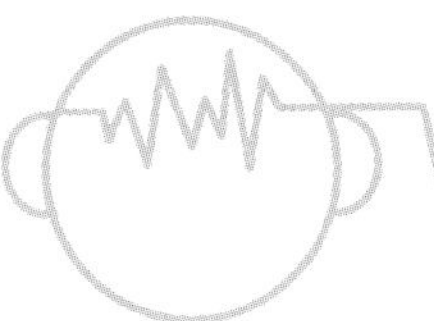

"신뢰와 친밀감의 형성은 우정을 구축한다."

쇄빙선을 띄워도, 대화를 주도할 사람이 있어도, 그리고 열심히 경청을 해도 대화에 앞서 준비를 하지 않으면 대화가 단절될 수 있는 여지는 여전히 남아 있다.

일반적으로 식사를 겸한 회의석은 적어도 한 테이블 당 8명이 앉게 되어 있다. 그러면 서로가 초면인 8명의 사람이 서두에 10분도 길다싶을 정도의 간단한 인사말 정도를 주고받고 나면 어떤 대화로 그 자리를 유지해 나갈 수 있을까를 서로 고민하며 각자 자기 앞에 마련된 음식 접시만 뚫어져라 쳐다본다! 그들 중 누구 한 사람이라도 어떤 화두로 대화를 이끌어갈 것인가에 대해 사전에 준비만 해왔어도 그렇게 어색한 분위기 속에서 라이스 필라프를 그토록 신중하게 탐색하게 되는 상황만은 피할 수 있을 것이다. 그렇다. 그러니 꼭 준비하라. 모임의 자리에 나오기 전에 미리 준비하라.

8명의 사람들은 각자 자기가 모르는 또 다른 7명의 사람들과 함께 앉아 있다는 사실을 알고 있다. 대화를 잘하는 사람은 그런 중요한 이벤트의 자리에 나가기 전에 사전 준비를 마친다. 내 요지는 어떤 대단한 것을 특별히 준비해서 그 자리에 나가 발표하라는 얘기가 아니다. 그런 것을 요구하는 것이 아니다! 그 준비는 이벤트가 열리는 자리로 나가는 자동차 안에서도 얼마든지 준비할 수가 있다.

▌▐ 각각의 상황에 어울리는 준비를 해두어라

쇄빙선 역할을 하며 다른 사람들과 대화의 시간을 즐기는 것보다 당신에게 더 필요한 것이 있다. 다른 사람들과 함께 대화를 나누면서 그것이 끊이지 않고 계속 이어져나갈 수 있도록 각각의 상황에 어울리는 준비를 미리미리 해둘 필요가 있다. 어린이 다음으로 만만치 않은 대화 상대자 중 한 부류가 바로 예전에 안면을 나누어 알고 있는 사람이다.

당신도 그렇고 상대방도 마찬가지이다. 양측은 서로 상대방에 대한 이력이나 개인사에 대해 약간의 정보만을 가지고 있을 뿐이다. 더구나 처음 대면하고 난 후 한동안 서로 마주칠 기회가 없었기 때문에 그간의 동정에 대해서도 서로 상세히 모르고 있는 상황이다. 사실, 두 사람이 안면을 익힌 후, 상대에게 어떤 변화가 있다는 것을 누구든 알 수만 있다면 그보다 좋은 것은 없을 것이다.

그렇다면 당신이 관련업계의 회합장소에서 연간 한 번 정도 업계 동료를 만난다고 가정해보자. 지난 12개월 동안 그는 여러 가지 변화를 겪었을 것이다. 이전과 다른 업무를 맡게 되었다거나, 또 다른 새로운 비즈니스를 시작했다거나, 가까운 친구나 친척과 사별의 아픔을 겪었다거나, 이색적인 휴가를 보냈다거나, 영적인 깨달음을 얻었다거나, 결혼을 했다거나, 이혼을 했다거나, 혹은 그 이외의 또 다른 어떤 일 등을 겪었을 것이다.

다시 말해서, 1년 전에 있었던 만남에서 오갔던 비슷한 유형의 대화를 나눌 생각을 해서는 안 된다는 얘기이다. 따라서 다음에 제시된 것과 같은 새로운 내용의 질문과 대화로 오랜만의 만남을 이끌도록 하라.

● 그간 저는 ……하여 오늘에 이르게 되었네요.

● 오랜만이네요. 회사는 잘 돌아가고 있지요? 그간 회사에 어떤 특별한 변화 같은

　것은 없었나요?

● 지난 번 뵌 이후로 삶에 어떤 특별한 변화가 있었나요?

● 올해는 좀 어떠신지요?

● 선생님 댁에 어떤 새로운 소식이라도 있는지요?

▌ 이력에서 교훈 얻기

대화 도중에 어색한 침묵이나 의미심장한 중단 속에 처한 자신을 발견할 때가 이따금씩 있을 것이다. 그렇다면 그런 대화의 분위기를 활기찬 쪽으로 이끌어 갈 수 있도록 활력을 불어넣거나, 아니면 지지부진하게 대화가 흘러가도록 하느냐는 당신에게 달려 있다.

이왕이면 당신 쪽에서 대화의 분위기를 띄워라. 우선 당신이 대화를 나누고자 하는 사람에 대한 개인적인 배경이나 이력과 관련한 질문을 준비하도록 하라. 이를테면, 다음과 같은 질문을 던져볼 수 있을 것이다.

● 두 분은 어떻게 만나셨습니까?

● _____의 시작은 어떻게 하셨는지요?

● 이 분야에 관심을 갖게 된 어떤 특별한 계기 같은 것이 있으셨는지요?

● 자신이 _____가 되고 싶다는 것을 처음 발견하게 된 때는 언제였습니까?

● 이곳으로 오시게 된 동기는 무엇인가요?

● 두 분께서는 서로 어떻게 알게 되신 사이신가요?

● _____에 관심을 갖게 된 배경은 무엇인지요?

● 이 사업에 대한 아이디어는 어디서 얻으셨는지요?

● 처음엔 어떠셨습니까?

▮ '인터뷰 질문'을 활용하라

인터뷰를 하는 사람으로서, 그리고 인터뷰에 응하는 사람으로서, 그러니까 당신이 과거에 인터뷰를 준비했었던 것처럼 양쪽의 입장에서 인터뷰 내용을 미리 점검하듯 당신이 갖게 될 대화를 준비하라. 이것은 구직을 위한 인터뷰 준비 때에 들어가는 노력에 비하면 약과다. 그러나 내용에 대한 철학에 있어서만큼은 다를 바가 없다. 따라서 해당 이벤트와 관련된 사항에 대한 대화의 자료를 준비해 나간다면 당신은 틀림없이 세련되고 여유 있는 분위기 속에서 자신이 준비한 방향대로 대화를 이끌어나갈 수 있을 것이다. 바로 이 영역에서 필요시되는 질문을 나는 '인터뷰 질문'이라 칭한다. 분명코 이 질문들은 당신이 대화를 즐겁고 자유롭게 유지해나가는 데 있어서 큰 도움을 줄 것이 분명하다.

회합장소든, 사업상의 점심식사 자리든, 혹은 여타 다양한 여러 유형의 모임의 자리에 참석하기 위해 주차장으로 차를 몰고 들어가면서 나는 내가 마치 면접 장소에 가는 사람이라도 된 것처럼 준비를 하고 계획을 세운다. 나는 접하거나 만나게 될 인물, 행사, 혹은 기타의 여러 상황에 어울리는 구체적인 인터뷰 질문에 대해서 대략 2분 정도를 생각해본다. 행사장에 참석한 우리 대부분은 다른 사람들과 마주하면서도 입을 꾹 다물고 침묵으로 일관하고 있는 자기 자신을 발견하게 된다. 누구에게 어떤 말을 걸어야 할 지 아무 생각들이 없다. 그야말로 패닉상태이다. 얼마나 어색하고 볼썽사나운 순간인가? 당신이 그 부분에 대해서 한번 잠시 생각해보라. 무엇에 대한 얘기를 할 것인가, 바로 그 무엇에 대해 생각하게 되는 최악의 시간은 언제인가? 그 어느 것에 대해서도 말할 게 없다!

이전에 함께 시간을 보낸 적이 있었던 사람과 함께 또 다시 자리를 같이 하게 된다면 이전에 만나면서 알게 됐던 특이사항에 대해서 한번 검토를 해보라. 아마도 당신은 이미 그 전에 그와 이러저러한 얘기를 나눴을 것이다, 그/그녀가 하는 일에 대해서, 봄철 스포츠에 대해서, 골프 모험에 대해서, 그리고 그/그녀의 취미인 정원 가꾸기에 대해서. 의미심장한 중단이 일어나고 있는 동안에는 그런 부분에 대해 떠올릴 생각은 하지도 마라. 그때는 스스로를 준비하라!

▮ 대화의 비언어적 부분

세미나가 진행되고 있는 동안 내가 즐겨하는 게임이 하나 있다. 일단 원을 둥글게 그린다. 다음에, 그 안에 10명에서 12명 정도를 일정한 간격으로 위치시킨다. 그런 다음 나는 임의로 그들 중 한 사람에게 실제로 주머니 속에 준비해간 실 뭉치를 하나를 건넨다. 그런 다음 그/그녀는 실 뭉치에서 풀려 있는 한쪽 실 자락을 잡고 뭉치를 또 다른 사람에게 건넨다. 여기서 중요한 것은 맨 처음 실 뭉치를 받은 사람은 자기가 하고자 하는 말을 여러 사람들 앞에서 해야 한다. 자기 얘기든, 혹은 누구에게 던지는 어떤 질문이든 상관없다. 그리고 그로부터 실 뭉치를 넘겨받은 사람은 그 뒷말을 이어가야 한다. 결국 모든 사람은 실 뭉치를 든 사람의 말을 주의 깊게 귀담아 들어야 한다. 어느 순간에 그 실 뭉치가 자기에게 전달되어 올지 모르기 때문이다. 이런 식으로의 실 뭉치 릴레이는 모든 사람에게 다 돌아갈 때까지 이어진다.

나는 이 게임을 좋아한다. 참가자들은 제각기 몇 가지 사실을 터득하게 된다. 우선, 누구든 그 실 뭉치를 언제 받게 될 지 전혀 모르고 있기 때문에 모든 사람들 각자가 무슨 말을 하는지 주의 깊게 귀담아 들어야 한다. 주의를 기울여야만 그 말과 관련한 좋은 질문을 던질 수 있기 때문이다. 두 번째로, 그들은 어떤 적절한 질문을, 혹은 어떻게 관련 있는 질문을 던질까, 하는 것에 대해 나름대로 집중을 할 수 있도록 해주기 때문이다. 적절한 질문을 던지고 적절한 언급을 이끌어내는 것은 대화가 도중에 중단되지 않고 지속적으로 유연하게 이어져 나갈 수 있도록 해주는 가장 용이한 방법이다. 세 번째로, 각자는 말을 하고 있는 당사자에 대해서는 물론이고, 그 이외 사람들의 몸짓언어에도 신경을 쓰게 된다. 특히나, 말하는 사람은 항상 실 뭉치를 전달하기 전에 다음 주자에게 눈빛으로 신호를 보내기 때문이다. 그렇기 때문에 어느 정도는 실 뭉치를 손에 들게 될 다음 차례의 인물이 누가 될지는 대략 짐작이 가능하다. 그러나 만일 실 뭉치를 들고 있는 사람이 누군가에게 눈빛을 보내지 않거나, 혹은 듣는 사람이 말하는 사람의 말에 주의를 기울이지 않는다면 대화는 거기서 아무런 통고도 없이 갑자기 끝나버리고 말 수도 있다. 이를테면, 누군가가 실 뭉치를 떨어뜨리게 된다는 얘기이다!

사전의 계획과 집중은 그 실 뭉치가 바닥에 떨어지지 않도록 해준다. 어느 이벤트 자리, 혹은 중요한 점심식사 회동에 참석하여 그곳에서 여러 사람들과 함께 장시간 동안 대화를 나눠야 하는 상황이라면 당신이 분위기를 이끌며 대화의 첫 시작을 열어나갈 수 있도록 준비를 하라.

당신은 좀 더 긴 대화에 참여하여 그것을 이끌 수 있는 능력을 갖출 필요가 있다. 그럴수록 당신은 더 많은 주제에 대한 준비가 필요하다. 사실 어려울 건 없다. 만일 염두에 두고 있는 주제를 잊어버릴 것 같아 불안하다면 이벤트석상에 자리하기에 앞서 수첩이나 지갑에다 당신의 생각을 간단히 메모해 두어라.

주제 항목에 넣을 필요가 없는 것은 당신이 가장 잘 알고 있는 것, 바로 당신 자신이다. 바로 당신을 포함하여, 군중의 외곽에 머물고 있는 내성적인 사람들을 위해 나는 그동안 기다렸다가 이 책 속으로 모두를 초대했다. 그리고 그간 하고자 했던 얘기를 이제 지금 들려주고 있는 중이다.

한편, 적절한 질문을 손에 쥐고 있다 하더라도, 그와는 상관없이 이제 한 걸음 더 나아가 당신 자신에 대한 얘기를 할 필요가 있다. 그러나 기억하라, 훌륭한 대화의 규칙은 주고받는 것이라는 사실을. 당신이 그저 상대방에게 질문만을 하게 된다면 그는 당신에 대해 오히려 동질감이 아닌 이질감을 느끼며 분개할 것이다. 대화를 하는 양쪽의 사람은 각자 자기 자신에 대한 얘기를 할 필요가 있다. 약간 좀 개인적인 얘기이긴 하지만, 내 자신의 경험상으로만 보더라도 그런 게 사실이다. 좀 더 구체적으로 말하자면, 자기 자신에 대해 말하기를 즐겨하지 않는, 이를테면, 그 부분에 있어서 늘 과묵한 자세를 보이는 사람들의 대부분이 그런 얘기를 하는 것 자체에 대해 일정의 두려움 내지는 공포감을 가지고 있다는 사실을 발견하게 되었다. 예를 들자면 이런 것에 대한 두려움이다.

● 자신의 삶이 다른 사람이 관심을 갖기에는 지나칠 정도로 평범하거나 일상적이라 생각할 거라며 스스로 걱정하고 염려한다.
● 다른 사람에게 자기중심적이거나, 혹은 자부심이 강한 사람으로 비춰지는 것을 탐탁치 않게 여긴다.

▋일반적인 대화 소재가 연결고리가 된다

한번 생각해보자. 우리들 대부분은 각자가 할 수 있는 최상의 방식으로 저마다의 삶을 살아가기 위한 노력을 하면서 일상의 삶을 살아간다.

　우리네 같은 평범한 사람들은 대부분 고지서를 받고 세금 낼 걱정을 하고, 자식 교육걱정을 하며, 자기가 좋아하는 팀이 우승하기를 기대하고, 승진걱정을 하고, 연세든 부모님의 건강을 걱정하고, 다가오는 휴가를 어떻게 보내야 하는지에 대한 걱정을 하며 살아간다. 그리고 이따금씩 시간을 내어 취미시간을 갖고, 또 자신의 몸과 마음에 쌓인 피로를 풀고자 여가를 즐기는 등, 그야말로 특별한 것 없이 누구나 다 저 나름대로 일상을 염려하고, 걱정하고, 또 누구나 다 언제든 할 수 있는 소소한 일들을 하며 세상을 살아간다. 우리 중 누군가가 이색적인 어떤 특별한 것을 행한다 하더라도 그것을 서로 간에 어떤 연결고리로 삼는다던가, 혹은 대화의 문을 여는 일반적인 소재로 삼는다면 오히려 남들과 다르게 보이기보다는 그 마저도 서로 비슷하게 닮은 사람처럼 보인다.

　그럼에도 불구하고 모든 사람들은 저마다 나름대로의 멋진 대화를 스스로 이끌어 갈 수 있도록 해줄 만한 이례적인 사례들을 지니고 있다. 내가 알고 있는 사람들 역시 한두 가지의 이색 경험 정도는 모두 지니고 있다.

　이를테면, 아주 유쾌하고 재미있었던 이벤트, 일생에 단 한 번 있을 법한 휴가, 도무지 알 수 없는 수수께끼 같은 순간, 어떤 결과에 무척이나 흥분되던 순간, 소름이 돋고 머리카락이 버쩍 설 정도로 행복한 결말로 끝난 이야기나 체험, 놀라울 정도로 우연히 뭔가가 일치되던 순간, 혹은 뇌리에서 사라지지 않을 정도로 인생에서 믿기기 어려운 모험의 순간 등이 그것들이다. 바로 그런 것 중에 하나를 찾아 대화의 자리로 끌어내라! 어떤 것이라도 대화를 이끌어 갈 수 있는 흥미로운 소재가 될 수가 있다.

▌▌라임라이트(백색광) 에티켓

당신이 점차로 라임라이트 속으로 한 발 한 발 내딛게 될 때 기억해 둬야 할 몇 가지 규칙이 있다. 여기서 전하는 어드바이스를 잘만 따라 한다면 당신은 분명 멋진 대화를 이끌게 될 것이다. 이제 더 이상은 무대 뒤로 숨으려는 생각은 하지 않아도 될 것이다. 그러기 위해서는 우선, 대화를 그다지 좋아하지 않는 당신 자신에 대한 정보를 폐쇄하지 말라. 편안하고 긍정적인 자세로 당신에 대한 가벼운 정보의 문을 열어가며 대화를 이끌어라.

여러 차례에 걸친 신뢰와 친밀감의 형성은 우정을 구축한다. 이전에도 언급한 바 있었듯이 대화를 갖는 것은 일면 어떻게 보면 하나의 양파 껍질을 벗기는 것과 비슷하다. 당신은 자신의 대화 파트너에 의해 공유된 친밀도의 정도에 어울리는 층층의 단계로 진전돼 나가기를 원하기 때문이다.

이를테면, 당신의 대화 파트너가 한참 동안 망설인 끝에, 여러 아이들의 부모가 되다보니 결국엔 밴을 사서 그 아이들과 남편을 태우고 여기저기 다니게 되더라는 고백을 했다고 가정하자. 그렇다면 이런 말을 들은 당신은 자신이 최근에 유방암 진단을 받았다는 말문을 열 수 있을까? 아마 그러진 못할 것이다. 그러나 만일 대화의 소재가, 이를테면, '치료를 위한 경주'였다면, 그리고 당신이 암을 극복한 당사자라는 표시로 분홍색 리본을 가슴에 달고 있었다면 충분히 그에 대한 반응으로 당신의 유방암에 대한 얘기를 꺼내도 상대방에겐 하나도 이상할 게 없다. 대화 소재에 대한 당신의 선택은 현재 진행되고 있는 논지의 방향과 적절하게 어우러져야 할 필요가 있으며, 대화를 나누고 있는 상대방과의 신뢰나 친분관계 내지는 친밀도 구축정도의 깊이와도 어울릴 필요가 있다.

최근에 한 오찬모임에 참석한 적이 있었다. 이전에 전혀 만난 적이 없는, 그야말로 나 자신 이외에는 전혀 모르는 일곱 명의 사람들과 함께 둥근 식탁에 둘러앉았다. 그런데 대화가 이어지던 중 어느 순간 고요라는 불청객이 찾아든 것이다.

그러자 사람들은 너나 할 것 없이 모두 휴대폰을 꺼내 들어 메시지를 확인하는 것이 아닌가. 마치 다 같이 그렇게들 하라고 주어진 시간처럼 보였다. 그래서 나는 내 가족에 얽힌 휴가에 대한 이야기로 대화의 문을 열었다. "저는 지난봄에 멕시코에 있는 클럽메드(Club Med)로 휴가를 가서 아주 근사한 시간을 보냈답니다. 거기서 머무는 동안 모두 얼마나 재미있었는지 단 한 번의 언쟁도 없었지 뭡니까. 정말 믿겨지질 않더군요. 모든 걸 다 감당하는 비용을 처음에 한 번만 내면 언제든 수시로 더 돈을 내지 않고서도 아이들이 좋아하는 낚시를 시시때때로 즐길 수가 있었답니다. 그냥 가고 싶을 때 가서 낚아 올리는 겁니다. 집 나가면 고생이라지만 그다지 힘든 것도 없었던 휴가여행이었답니다. 그야말로 우리 가족 모두는 그곳에서 무척이나 재미있고 활기찬 시간을 보내고 왔답니다."

내 휴가 이야기는 둘러 앉아 있는 사람들에게 세 가지의 소재를 자연스럽게 제공하면서 세 가지의 성과를 이끌어 냈다.

첫째로, 나는 다른 사람들이 내게 좀 더 편안한 마음으로 다가설 수 있는 기회를 제공하면서 나 자신에 대한 얘기를 들려주었다. 좌중의 분위기가 편안해지면 그에 맞게 대화의 분위기 역시 차츰차츰 고무되게 되어 있다. 둘째로, 나는 다른 사람들이 자연스럽게 활용할 수 있도록 하기 위해 하나의 새로운 주제를 제공했다. 셋째, 자신이 경험한 내용들을 서로 공유하게 되면서 모두가 함께 그 자리에서 가까운 친구가 되는 기회를 가져다주었다. 대화라는 것은 자리를 함께하고 있는 사람들이 저마다 서로 질문과 답변을 주고받고, 자기가 실제로 겪었던 내용을 이야기하고, 그리고 자기가 가지고 있는 휴가계획을 소개하게 되면 즉각적으로 분위기는 살아나게 돼 있다.

이벤트나 경험에 대한 이야기를 하는 데 있어서 특정의 어떤 경계나 한계와 같은 것은 없다. 당신은, 그간 읽었던 책에 대해서, 가봤던 식당에 대해서, 그리고 당신이 관람한 적 있는 영화에 대한 자신의 느낌과 견해를 다른 사람들과 함께 나누면 된다. 이를테면, 나는 어떤 한 신사와 함께 이야기를 나누며 어느 시상식 연회석상에 있었다. 그 때 그가 이렇게 말하는 것이다.

"저는 사실 솔직히 이런 자리에 있는 것이 그다지 편하지 않습니다. 내 아내가 사업상의 관계로 불참하는 바람에 이렇게 저만 혼자서 참석하게 되었지 뭡니까. 아는 사람이라곤 단 한 사람도 없답니다."

과거, 여러 사교행사에 참여하면서 당시 내가 얼마나 많이 불안해하고 불편해 했었는지에 대한 얘기를 나는 그와 함께 나누었다.

서로 간에 있어서의 간단한 의사교환이 그를 정서적으로 편안하게 안정시켰으며, 그 결과, 우리는 보다 다양한 분야의 주제에 대해 심층적인 대화를 나누기에 이르렀다.

한편, 공공의 회합장소에서는 대화에 가능한 주제가 거의 무한에 가깝지만 출입제한 지역에서의 그것은 반대로 극히 한정적이다. 후자의 경우에 있어서, 꺼내고자 하는 대화의 주제가 적절한가, 생각해보았을 때 확신이 들지 않아 그 말을 꺼내지 못하고 주저하고 있다면, 아마 그런 경우라면 말을 하지 않고 그냥 있는 것이 더 나을 것이란 생각이다.

그럴 때면 나는 항상 수학선생님께서 가르쳐주셨던 격언 하나를 떠올리며 그것에 의지하곤 한다. "미심쩍으면 그냥 놔둬라"라는 말이 그것이다. 대화를 나누고 있는 상대방의 심기를 불편하게 할 것 같은 부분에 대한 언급이라면 그것만은 꼭 피하라.

▍해서는 안 되는 말

아주 특별히 예외적인 상황이 아니라면, 대화 도중에 맥을 끊을 수 있는, 이를테면, 서로 간에 있어서 불편함을 자아낼 수 있는 주제에 대한 언급은 피하도록 하라.

- 의문의 소지가 있는 이야기

- 소문에 대한 이야기

- 현재 자신이 개인적으로 겪고 있는 불행한 일

- 무엇이 얼마고, 무엇이 얼마나 비싸다는 등, 돈의 액수와 관련한 이야기

- 어떤 이슈에 대해 상대방이 당신과 상반된 입장에 서 있다는 것을 알게 되면 곧바로 그 논쟁의 여지가 있는 주제는 되도록 피하라.

- 자신이나 상대방의 구체적인 건강 상태에 대해서는 가급적 피하라. 물론 상대방이 목발을 짚고 다리에 붕대를 감고 있는 상황이라면 다르겠지만, 그리고 대화의 주제 자체가 건강 관련한 것이라면 예외이겠지만 말이다.

- 부정적인 내용을 담은 대화는 그것이 어떤 것이든 가급적 피하라.

▍공놀이처럼 대화에도 팀워크가 중요하다

대화가 끊이지 않도록 시종 잘 진행시켜 나가는 것은 정사각형의

운동장에서 공놀이하는 것과 다르지 않다. 당신은 운동장에서 함께 뛰는 사람 중 누군가에게 공을 패스해줘야 한다. 그리고 뛰는 선수들은 계속해서 그 공이 끊임없이 튀기고 굴러가도록 해야 한다. 그리고 이렇게 하기 위해서는 모든 선수가 그 공에서 시선을 떼서는 안 된다. 공의 흐름을 시종일관 파악하고 있어야 내가 누군가로부터 공을 받게 될 지 알 수 있는 것이며, 반대로 받은 그 공을 또 다른 사람에게 패스를 해 줄 수 있는 것 아니겠는가.

그런데 한자리에 둘러 앉아 있는 사람들 중에는 당신이 과거에 경험했을 수도 있는 것과 똑같은 사유로 인해 공 넘겨받는 것을 내켜하지 않는 사람이 있을 수도 있다. 이를테면, 부끄러움을 많이 타거나, 자신의 삶에 대한 애기가 너무 평범하다고 생각하거나, 혹은 다른 사람들의 말에 귀 기울여 듣는 것을 그다지 재미있어 하지 않는다거나 하는 등의 여러 가지가 해당 사유가 된다. 그러나 그런 사람들을 도와 함께 가거나, 혹은 별개로 따로 가거나 하는 것 역시 어디까지나 당신하기에 달려 있다.

▌진심이 담긴 칭찬을 아끼지 말라

대화를 시작하거나, 혹은 대화를 지속시켜 나가기 위한 가장 손쉬운 방법 중 하나는 다른 사람, 혹은 상대방을 칭찬하는 것이다. 진심어린 칭찬은 상대방이 자기 자신에 대해서는 물론이고 당신에 대해서도 기분 좋은 인상을 갖게 하는 데 큰 도움이 되어준다. 그것은 서로의 신뢰관계를 더욱 공고히 함은 물론 서로의 대화가 한층 쉽게 풀려가게끔 해준다. 중요한 것은 상대방에 대한 당신의 칭찬이 진심에서 우러나온 것이냐 하는 것이며, 결국 당신이 상대방을 진정으로 돕고자 하기 위해 무엇에 대해 칭찬할 것인가, 그것을 선택하는 것이다. 당신이 무엇을 선택하든 그것은 세 가지 중의 하나가 될 것이다. 겉으로 보이는 외양의 모습, 그것이 어떤 것이던지 간에 그가 소유하고 있는 것, 그리고 그가 보이는 행동, 이렇게 세 가지다. 『허클베리핀의 모험』의 작가 마크 트웨인은 좋은 칭찬을 들으면 그 기분이 60일을 간다고 했다!

좀 지난 얘기이긴 하지만, 내 결혼계획과 관련하여 나는 친한 친구 카렌과 함께 진지한 대화를 나눈 적이 있었다. 그때 나는 친구에게, '일정기간 동안 벤과 스티브라는 두 명의 남자를 사귀어 오고 있는 중'이라는 말을 했다. 그랬더니 그녀는 나더러 그 두 명의 남자친구에 대한 얘기를 들려달라는 것이다. 그래서 나는, "벤은 뛰어난 유머감각이 있어. 그의 삶은 하루하루의 일상이 파티야. 백만 불짜리처럼 보이는 옷을 입고……, 대단한 골퍼이고, 다방면에 걸쳐 남다른 재능을 지닌 만능엔터테이너야."

카렌은 너무 흥분한 나머지 거의 감정을 추스르기 어려운 지경에 빠진 것 같았다. "마치 내가 꿈속에서 얘길 듣고 있는 것 같아. 난 네가 그 남자랑 결혼을 하면 너무너무 좋을 것 같아."

"아니야." 내가 대답했다. "나는 스티브랑 결혼할 거야."

카렌은 아무 말이 없었다. 마침내 그녀가 정신을 수습하고서 말을 꺼냈다. "글쎄, 데브라. 벤은 왕자처럼 들리는데, 왜 스티브랑 결혼을 한다는 거지?"

"나에 대해 말하고 있는 그 남자의 멋진 말을 듣고 있노라면 내가 아주 특별한 사람이 된 느낌이야. 아주 특별한 기분이 들어. 날 특별한 사람으로 만들어 놓는다니까. 바로 그게 이유야."

진심어린 칭찬 속에 깃든 힘은 가히 놀랄만하다. 상대방, 혹은 다른 사람으로부터 인정받는 것보다 더 좋은 기분을 느끼게 하는 것은 거의 없기 때문이다.

▌완벽한 칭찬

당신은 상대방의 헤어스타일을 보고, 입고 있는 의상을 보고, 장식하고 있는 어떤 보석이나 장신구를 보고, 혹은 겉으로 드러나 보이는 육체적인 외모를 보고 그를 칭찬할 수가 있다. 그러나 모든 칭찬이라고 해서 다 똑같은 칭찬은 아니다. 훌륭한 칭찬은 그 칭찬을 받는 대상을 인정하는 것이다. "입고 계신 스웨터가 아주 멋지네요." 혹은 "정말 색다른 개성이 있는 넥타이예요." 훌륭한, 그야말로 최고 반열의 칭찬은 당신이 그 물건을 좋아하는 이유에 대해 설명을 함으로써 대화의 소재를 이끌어 내는 것이다. 예를 들면, 당신은 "스웨터가 너무 멋져요. 스웨터 색상이 당신의 눈의 색조를 정말 더욱 돋보이게 하네요"라고 말함으로써 상대방이 입고 있는 스웨터에 대한 당신의 솔직한 생각을 표현할 수가 있다. 그리고 또, 상대방이 매고 있는 타이를 보고, "타이가 정말 근사해요. 디자인이 아주 독특하네요. 정말 개성이 있으시네요. 전 남자 분들이 타이를 통해 자신의 패션에 대한 개성을 한껏 연출한 걸 보면 늘 보기가 좋더라고요"와 같은 말처럼, 상대방이 매고 있는 멋진 타이를 더욱 강력한 칭찬으로 인정해줄 수도 있다.

그러나 때에 따라서 패션 감각이라곤 전혀 없이, 입은 옷이나, 메이크업이나, 혹은 하고 있는 액세서리 등, 그 어느 한 가지에 대해서도 뭐라고 이렇다 하게 칭찬의 말을 해주기가 무색한 사람과 함께 자리를 할 수도 있다. 그렇다고 걱정하진 마라. 애기할 거리는 또 얼마든지 만들어내 낼 수 있으니까. 오히려 다른 것으로 상대방을 더욱 멋지게 칭찬할 수 있는 거리가 있다. 상대가 소유하고 있는 집, 만년필, 새로 구입한 차, 혹은 심지어 머그 커피 잔에 이르기까지 말이다. "아름다운 집을 갖고 계시네요"라는 칭찬도 괜찮다. 그리고 이 말을 이렇게 바꿔 표현할 수도 있다. "집이 너무 아름다워요. 진열해 놓으신 사진들이 정말 맘에 들어요. 집 분위기에 딱 어울리는 것 같아요. 집 안 분위기의 개성을 돋보이게 하는 것 같아요. 특히 따뜻하고 화목한 분위기를 한껏 느끼게 하는 걸요” 그리고 “머그 커피잔이 아주 멋진걸요”
라는 말 보다는, 이를테면, “인도네시아 수마트라의 분위기가 물씬
느껴지는 컵인데요. 잔 크기가 너무 맘에 들어요”라고 표현할 수도 있
다는 것을 한번 생각해보라.

그리고 또 이런 것도 한 번 생각해볼 수 있다. 누군가의 집을 방문
했을 때 그 집안에 있는 누군가의 행동을 유심히 지켜보게 될 때가 있
다. 아이들의 행동은 더욱 눈에 잘 들어온다. 여기서 주의해야 할 것
한 가지. 그들의 바르지 못한 행동을 주시하기 보다는 그들에게서 나
타나는 긍정적인 행동을 더욱 주의 깊게 살펴라. 그것은 그들의 바람
직한 행동을 더욱 권장하는 효과는 물론 그들과 함께 더 오래도록 대
화를 나눌 수 있는 계기가 되기 때문이다. 뿐만 아니라 그것은 그들과
의 유대를 더욱 공고히 할 수 있는 기회가 되기도 한다. 따져보면, 아
이들만 자기가 보인 행동에 대해 칭찬을 듣고 싶어 하는 것은 아니다.
어른들도 그와 다르지 않다. 흔하게 드러나진 않지만, 어른들도 자신
이 보인 행동에 대해 상대방으로부터 인정받고 칭찬받기를 원한다.

내가 아는 한 부동산중개업자가 어느 일요일에 한 커플을 데리고
집을 사러 다녔다고 한다. 부동산중개업자는 그 커플을 데리고 온 시
내를 두루 누비며 다녔다. 거의 서른 채가 넘는 집을 보여줬던 것으로
안다. 그런데 거기서도 아쉬워 그들은 그 시내에 이웃하고 있는 곳에
이르기까지 더 둘러보며 집을 보고 다녔다는 것이다. 그렇게 무려 여
섯 시간을 이 거리 저 거리 누비며 다닌 후, 그들은 이제 더 이상 서로

에게 아무런 말을 할 수가 없었다. 해야 할 말의 소재까지 완전히 바닥이 난 것이다. 더구나 이렇다하게 눈에 쏙 들어오는 집 한 채도 만나지 못한 상태에서. 집을 구하려는 커플도 커플이지만 내 지인인 그 부동산중개업자 역시 그 나름대로 지칠 대로 지쳐있는 상태였다. 그럼에도 불구하고 그녀는 재빨리 몇 가지 아이디어를 떠올렸다고 한다.

이렇게 말했다는 것이다, "무엇을 원하는지를 두 분께서는 정확히 인지하고 계신 것 같네요. 저는 그것을 전적으로 존중합니다. 만약 자신이 원하는 방향으로 가지 않고 다른 선택을 하게 된다면 나중에 그것에 대해 후회하거나 스스로를 크게 자책하게 될 겁니다. 그렇게 된다면 불행한 일이지요." 그 말 한마디는 하루 종일 집 보러 여기저기 찾아다닌 그 커플에게 하루를 편하게 마무리시켜주는 위로의 말이 되었다. 비록 그 일요일 하루 동안에 자신들이 찾는 스타일의 집을 얻진 못했어도 말이다.

상대방의 행동(행위)에 대한 또 다른 칭찬이나 격려의 말로서 다음과 같은 예도 무난하다.

● 우리 모임을 위해 정말 많은 준비를 하셨네요. 감사드립니다. 일 진행이 한결 수월하네요.

● 최고의 성공의 가도를 달릴 때에는 특히 단단한 각오와 용기를 통해 자신의 변화를 위한 시도를 해야 하는데, 그걸 아주 잘 하신 것 같습니다. 정말 존경스럽습니다.

• 결정 내려야 할 사안이 정말 많으시네요. 그럼에도 불구하고 놀랍게도 장거리를 달리는 열차처럼 그때그때 시간을 안배하시면서 매 사안을 성공적으로 잘 처리하신 것 같습니다. 축하드립니다!

• 이번 일의 진행이 잘 마무리될 수 있도록 시종 많은 관심을 보이신 것으로 알고 있습니다. 어쨌든 좋은 결과가 나오기 까지 그동안 선생님 나름대로 자신에게는 물론이고 업무 관계자들에게도 용기와 격려를 아끼지 않으신 것은 정말 훌륭하신 본보기가 아닐까 합니다.

• 당신께서는 정말 매사에 긍정적인 태도를 유지하고 계시네요. 그런 분과 함께 일하고 있는 저도 무척 기쁘고 즐겁답니다.

• 집안일은 물론이고, 네 명이나 되는 자녀까지 그토록 훌륭하게 성장시킨 것을 보면 정말 대단하십니다!

한 번 더 강조해서 말하지만, 누군가를 제대로 칭찬하는 데 있어서 꼭 필요한 것은 칭찬의 말이 진정에서 우러나온 것이어야 한다는 사실이다. 한편, 당신의 칭찬을 힘겨워하는 사람을 만날 수도 있다. 여성이든 남성이든 그 사람은 당신이 건넨 칭찬의 말을 부인하면서 그것을 희석시키려 한다거나, 아니면 그 칭찬의 말을 사양하려 할 수도 있다는 얘기다.

만일 그와 같은 상황이 발생한다면 당신은 상대방에게 그 칭찬의 말에 대한 자신의 진정성을 다시금 확고히 하거나, 아니면 얼른 다른 주제로 대화의 화제를 바꾸도록 하라.

‖ FORM에 유의하라

상대방에 대한 칭찬 방법 외에, 내켜하지 않는 사람을 하나의 대화 속으로 이끌 수 있는 또 다른 방법은 그에게 질문을 던짐으로써 대화의 공을 그에게 살짝 넘기는 것이다. 2장에서도 다뤘지만 거기에 덧붙여, 대화의 분위기를 원만하게 이끌어 가기 위한 효율적인 질문을 네 가지 범주로 나눠봤다. 난 그것들의 머리글자를 따서 FORM으로 기억하고 그것을 늘 활용한다.

◆F(Family, 가족) :

"가족에 대한 얘길 좀 들려주세요? 모두 이곳에 사시나요?"

"당신은 자신이 어떤 입장으로 있을 때 가장 기분이 좋던가요? 아버지(어머니)의 입장? 아들(딸)의 입장? 삼촌(고모, 혹은 이모)의 입장?" 등등

◆O(Occupation, 직업) :

"당신은 어떤 계기로 현 업종에 종사하게 되셨는지요?"

"그 사업에 대한 구상은 어떻게 하게 되셨는지요?"

"종사하고 계신 분야에서 가장 힘든 장애나 도전들이 있다면 어떤 것들이 있을까요?"

"당신이 종사하고 계신 업무분야에서 한 가지를 바꿔야겠다면 뭘

바꾸고 싶으신지요?"

"인터넷이 당신의 사업이나 해당 업계에는 어떤 영향을 미쳤는지
요?"

→ R(Recreation, 레크레이션) :

"건강이나 체력유지를 위해서 어떤 것을 하고 계시는지요?"

"가족들이 함께 어울려 즐기는 취미나 오락은 주로 어떤 것들인가
요?"

"여가시간에 주로 무엇을 하시는지요?"

"당신은 특히 어떤 휴가를 좋아하시는지요?"

→ M(Miscellaneous, 그 외의 잡다한 것들) :

"최근에 좋은 영화 보신 게 좀 있으신가요?"

"________(새로운 뉴스나 사건 등)에 대해서는 어떻게 생각하십니
까?"

"요즘 재밌게 읽고 계신 책이 있으신지요?"

"요즘 경제에 대해선 어떻게 생각하십니까?"

당신이 어떤 주제를 선정해서 대화를 이끌더라도 거기서 가장 중요
한 건 진실성 내지는 성실성이다. 상대방의 말에 진실된 자세로 관심
을 보이지 않는다면 대화에 앞서 아무리 많은 준비를 했다 하더라도

모두 무용지물에 불과하다. 누군가에 대한 관심만큼 중요한 것은 없다. 당신이 누군가와의 대화에서 아무런 관심이나 열정을 스스로 불러낼 수 없다면 상대방에게 정중히 양해를 구하고 달리 접근할 사람을 모색해보는 것이 차라리 옳을 것이다.

∥ 능숙한 대화를 위한 조언과 기술

당신은 이제 이 책의 3분의 2 가량의 내용을 읽고 있다. 이제 지금쯤이면 어느 정도 세련되고 능숙한 대화를 위한 조언과 기술이 서서히 당신 몸에 배어가고 있을 시점이다. 그야말로 당신이 이 책에서 얻은 대화의 기술을 어느 정도 숙지하고 그것을 실생활에서 얼마만큼 활용하고 있는지를 돌아보며 점검할 수 있는 적당한 시점이기도 하다. 뿐만 아니라 당신 자신의 발전 정도를 한번 돌아보기에 적정한 시점이라고도 생각한다. 거울 앞에서 스스로에게 답하듯이 다음에서 제시하고 있는 글을 읽고 진솔한 입장에서 '예', 혹은 '아니오'로 답해보길 바란다.

● 나는 대화중에 내가 말을 해야 할 순서를 의식한다. 그래서 그와 동시에 나는 다른 사람들이 하는 말에 귀를 기울여 그들을 파악하려 한다. 아울러, 그들에게 나에 대해서도 자연스럽게 알리려는 시도를 한다.

- 나는 적어도 하나의 활동단체에 참여해오면서 사람들을 만나고, 그를 통해 새로운 비즈니스 우호관계를 증진시킨다.

- 나는 내가 알고 있는 인맥을 통해서 최소한 2명에게 새로운 일자리를 찾는 데 도움을 주거나, 혹은 잠재력을 지닌 고객 등을 영입한 적이 있다.

- 나는 또 다른 네트워킹의 목적으로 누군가에게 정보를 제공한 적이 있다.

- 나는 최소한 한 달에 두 번 정도의 모임에 나가서 내가 몸담고 있는 전문적인 (산업) 분야의 사람이나, 혹은 해당 분야에서 그 나름대로 잠재력을 지닌 결정권자를 만날 수 있다.

- 다른 사람이 내게 친근하게 대해오면 나도 그에게 그처럼 대하는 것이 어렵지 않다. 오히려 이제는 점차적으로 내가 먼저 다른 사람에게 친근하게 다가가는 사람 중 하나가 되었다. 따라서 이제는 더 이상 다른 사람이 내게 다가올 때까지 기다리지 않는다.

- 누군가가 내게, "뭐 새로운 것 없습니까?"라고 물어오면 "네, 그다지 새로운 뭔가가 없네요"라고 말하는 대신, 내 평상시의 삶에서 재밌고 즐거웠던 것에 대한 얘길 종종 해준다.

당신은 어떻게 나왔는가? 만일 여러분 중에 나와 비슷한 경우의 사람이라면 아마 몇 개 정도는 '아니오'라고 답했을 것이다. 그렇다면 아직까지는 당신에게 할 일이 좀 있다는 얘기가 된다. 우선적으로 자신의 생활습관을 바꾸려는 노력과 연습이 필요하다. 한 가지 권한다면, 당신이 극복하고자 하는 내용을 직접 한 번 써보라는 것이다. 그리고 자신이 스스로 지적하여 기록한 내용이 서서히 극복되면서 그것이 편하게 느껴질 때까지 그 목표에 집중하도록 하라. 그런 다음 또 그 다음으로 넘어가도록 하라. 집중을 유지하라. 그것을 극복하는 데 그리 긴 시간이 걸리진 않을 것이다!

:: 일반적인 인터뷰 질문의 예

— 매년 이맘때에 당신은 무엇을 가장 즐기시는지요?

— 이 단체/이벤트와는 어떻게 관련이 있으신지요?

— 만일 이 시간에 여기에 계시지 않았다면 어디에서 무엇을 하고 계실까요?

— 어떤 사람이건 누군가를 만날 수 있다면 그가 누구면 좋겠는지요?

— 당신에게 있어서 중요한 이슈가 되고 있는 것에 대한 얘기를 좀 들려주십시오.

— 당신에게 있어서 가장 중요한 업무 경험이라면 어떤 것을 꼽을 수 있을까요?

— 당신을 가장 잘 나타낼 수 있는 어떤 단어나 이미지는 어떤 것입니까?

— 개인적인 모토나 신조가 있다면 어떤 겁니까?

— 가장 존경하는 위인으로는 누구를 꼽으시는지요?

— 고등학교 동창들은 당신을 어떤 인물로 생각하고 있나요?

— 시간과 돈에 구애받지 않는다면 당신이 가장 하고 싶은 일은 무엇인가요?

PART 8

대화의 맥을 끊는 대화범죄자의 8가지 유형

"만일 마더 테레사인 척하지 않는다면 당신은 대화에서 약점을 보여 '긴급 수배자' 명단에까지도 오를 수 있는 기회를 맞을 수도 있다."

나는 꽤 자주 여행을 하는 편이다. 그 과정에서 내가 직접 보고 체험한 굵직굵직한 여러 흐름들 중 하나는 '치명적인 무기로 무장을 한 채 대화에 임해 무차별적 공격을 퍼붓는 사례' 의 증가를 들 수 있겠다.

나는 두어 차례에 걸쳐 그런 상황에서 희생되어 본 적이 있다. 이런 행동을 보이는 사람은 그들만의 치명적인 무기로 '무장을 하고 있으며 위험하다.' 만일 그런 사람이 당신과의 대화에 합류하게 된다면 당신은 고통스런 대화의 살인을 직접 목격 내지는 체험하게 되는 심각한 위기에 처하게 될 수도 있다. 절대 빈틈이나 허점을 보이지 말라. 그런 사람은 교묘한 방법으로 자신을 위장하여 숨긴다. 그들은 마치 카멜레온처럼 순식간에 몇 가지의 복장을 갈아입을 수 있으며, 여러 유형의 사람의 모습을 취할 수 있는 사람들이다. 만에 하나 당신이 위험에 직면해 있다는 느낌이 든다면 일단은 아무 말 없이 잠자코 있어라. 그러면서 그 변절자들을 주시하라. 한 가지 주의사항 더. 이따금씩, 그야말로 최악의 사람은 마치 우리가 거울을 들여다보고 있는 것처럼 우리를 빤히 바라보기도 한다는 사실이다.

대화상에 이뤄질 수 있는 범죄를 예방하는 차원에서 이제는 좀 더 강하게 내 의견을 피력할 시간이 되었다고 생각한다. 나는 지금까지 이런 현상에 대해 내 나름대로 구체적이고 치밀한 조사를 해왔다. 그 결과 그 '킬러들'을 여덟 가지 유형으로 분류하였다. 당부하고 싶은 것은 당신 역시도 일상의 대화를 하는 동안에 여덟 가지 유형의 '대화범죄인(Conversational Criminals)'을 위한 긴급수배자 명단에 오르는 일이 없도록 각별히 최선의 노력을 다하라.

1. 심문관

2. 허풍쟁이

3. 말 한 수 앞질러가는 사람

4. 독점자

5. 방해꾼

6. 패배를 깨끗이 인정하지 않는 사람

7. 똑똑한 체하는 사람

8. 충고자

그래서 바로 위와 같은 '범죄와 싸울 수 있는' 기술을 각각의 유형별로 정리해 놓았다. 그것을 잘 숙지해뒀다가 그런 범죄자들이 당신을 만만하게 보지 못하도록 대비하라. 아울러, 당신 역시도 만에 하나 그런 범죄자가 되지 않도록 신경을 쓰고 노력해야 한다.

▌심문관

심문자 유형의 사람에겐 마음에서 우러나와 누군가에 대한 관심을 갖는 일이 절대로 없다. 남자든 여자든 이런 사람은 가벼운 대화로 상대방을 스토킹하거나 누군가를 앉혀놓고 심문하는 사람처럼 보일 수 있다. 당신은 즉각적으로 그들의 상습적인 수법을 명백히 인지하게 될 것이다. 보편적으로 그들은 상대방에게 끊임없이 질문의 포화를 퍼붓는다. 마치 정글 속에다 대고 기관총을 난사하는 것처럼 말이다. "어떤 일을 하시나요?", "어디 출신이세요?", "결혼은 하셨나요?", "아이는 몇이나 두셨죠?", "여기선 얼마나 사셨나요?", "그 일에 종사하신 지는 얼마나 되셨죠?", "당신 어머니의 결혼 전의 성(性)은 무엇이었나요?"

심문자는 끊임없는 질문공세로 집요하게 상대방을 공격한다. 심문관은 '죄수'에게 그 어떤 유형의 자백 또한 할 수 있는 기회마저 주질 않는다. 죄수에게는 부연의 증거자료, 질문, 혹은 한 잔의 물 정도와 같은 단순한 대답 문답 내지는 요구 너머 영역의 말조차 용납이 되지 않는다. 전화를 받는다거나 변호사를 구한다는 생각은 잊어라. 죄수는 일정 속도를 유지하며 심문관이 묻는 말에 또박또박 대답을 하게 되어 있다. 죄수는 심문관의 일시적인 생각이나 변덕 때문에 수감되어 있는 사람이다. 질문을 마치면 그는 어떤 격식이나 예의가 갖춰지지 않는 상태로 곧바로 그 죄수를 잠시 내버려뒀다가 또 다른 미심쩍은 주제로 이동시킨다.

심문관은 끊이지 않는 질문의 집중포화로 죄수를 호되게 몰아붙임으로써 그 스스로 잘못을 저지른다. 오히려 좀 더 밀도 있는 대답을 요하는 열린 질문을 해야 성공을 거둘 수가 있는데 말이다. 사실 죄수는 기회만 주어지면 힘들이지 않고 다량의 정보를 터놓고 말한다. 심문관은 한두 마디면 되는, 그야말로 단답을 요하는 질문들을 연이어 던지는 실수를 하는 바람에 깊숙한 얘기로 들어가는 데 실패하고 만다. 심문관은 적절한 질문 등으로 이루어진 대화를 통해 자신이 얻고자 하는 것에 보탬이 될 만한 사건의 동기, 알리바이 등을 비롯한 다양한 기회와 배경 정보들을 캐내야 하는데 그러질 못한다는 얘기다.

심문관은 성격상 이례적인 신경질을 지닌 사람으로 간주된다. 당신은 대화의 순서 등을 고려함으로써 이런 유형의 사람을 도와야 한다. 끝이 열려 있는 질문을 하라. 진지한 얘기로 좀 더 깊이 들어가라. 그리고 그의 말에 경청을 하고 있다는 사실을 표정이나 몸짓 등으로 신호를 보내라. 이를테면, 역으로 그가 당신에게 했던 것과 같은 질문을 다시 할 수도 있다. 일례로, 생활수단을 위해 어떤 일을 하고 있느냐고 되물어라. 그리고 그가 했던 질문들을 당신도 연이어 그에게 무차별적으로 던져보라. 그렇게 하여 당신이 그 심문관이 누렸던 대화의 주인이 되어 보는 것이다. 그러면 아마 당신은 자동적으로 그와 공을 서로 주거니 받거니 하면서 대화를 이끌어 나갈 수 있게 될 것이다.

▋ 허풍쟁이

허풍쟁이는 대화로써 온 나라에 연쇄대량살인을 저지르며 '긴급수배자명단' 에 이르는 길에 올라선 죄인이다. 그는 자수기간 동안에 종종 대중들 앞에 자신의 모습을 드러낸다. 그러면서 자기가 이룬 업적에 대해 으스대고, 또 그런 사실을 가지고 자신을 미화하고, 자신이 이룬 크고 작은 위업이나 업적에 대해 허풍스레 과시해보인다. 또, 그런 사람은 흔히 남모르게 뭔가 의미 있는 일을 하려는 시도는 절대 안 한다. 뭐든 드러내려고만 한다. 그래서 종종 오만하고 건방지다. 그의 목표는 오로지 많은 시선들 앞에서 자신의 지위를 얻는 것이다. 그래서 이들은 언제나 청중을 환영한다. 자기 앞에 모인 청중이 많으면 많을수록, 군중이 크면 클수록 그는 더 짜릿한 희열과 승리감을 느낀다. 그렇기 때문에 대화를 나누고 있는 한 무리의 사람들 속에 이들이 등장하게 되면 다른 사람들은 모두 그에 의해 대량 학살되고 만다.

그의 트레이드마크는 언제나 늘 자신이 이뤄놓은 업적이나 성과물에 대한 얘기를 하는 것이다. 그는 주식시장에서까지도 사람을 죽인다. 자기가 유능한 재정 전문가를 뛰어 넘을 만한 수완을 지난 인물이라는 점을 내세우며 허풍을 떨어댄다.

그의 아이는 당연히 야구팀 주장이며, 프로 스카우터는 실제 실력이 입증되지도 않은 그 아이를 유능한 선수로 착각하고 선발한다. 그럼에도 불구하고 당신은 그의 실상을 모르면서 그에게 스스로 결핍과 빈곤감을 느끼게 된다. 아마도 그는 최고 브랜드 수준의 자동차를 구입해 굴리고 다닐 것이다. 그러면서 그는 다른 사람들은 왜 자기와 같은 자동차를 굴리고 다니지 못할까, 하면서 이해를 하지 못한다. 그는 항상 언제나 "나는 이 세상의 왕이다"라고 말할 수 있는 이야깃거리를 지니고 다닌다.

허풍쟁이의 여동생 허풍녀는 모르는 사람들을 한 번에 만나는 것보다는 자기가 알고 있는 사람과의 긴밀한 사적인 만남을 더 좋아한다. 그러나 멀쩡한 사람을 뒤로 나자빠지게 만드는 것만은 오빠와 다를 바가 없다. 그녀는 좀 더 사적인 방식으로 자기 자신에 대한 자랑 늘어놓기를 더 선호한다.

그녀는 측근의 핵심그룹 구성원들에게 음모적인 얘기를 하는 경향이 있다. 허풍녀는 상대방에게 자신이 대단하다는 말이 돌게끔 바로 그 측근들에게 슬쩍슬쩍 말을 흘린다. 절대 낯선 사람들에게 직접적으로 자기가 대단하다는 것을 드러내지 않는다. 그러니까 그녀는 자기의 대단함을 낯선 사람들이 믿을만한 자기 측근의 사람들을 통해 인지하도록 한다는 얘기이다. 만일 낯선 사람들이 그 허풍녀를 보고 아는 척 인사를 하지 않으면, 머지않아 곧 자신의 존재에 대해서 알게 되겠지, 하며 기다린다.

허풍녀는 또 자기 측근의 사람들에게 유명 디자이너에게 의뢰하여 자기네 주방을 새로 꾸몄는데 거기에 얼마가 들어갔다는 등의 온갖 얘기를 은밀히 떠벌리고 다닐 것이다. 그리고 자기네는 프렌치 리베라(French Rivera)에서 멋진 휴가를 보낼 예정인데, 다른 사람들도 그 정도는 다 해야 하는 것 아니냐는 식으로 또 너스레를 떨 것이다. 아마도 그녀는 당신에게 아예 자기가 통하고 있는 그 여행사 명함을 건네며 당신더러도 자기처럼 똑같이 해보라고 할지도 모른다.

허풍선이와 그의 여동생 허풍녀가 연출한 대화의 살인을 저지할 수 있는 유일한 대안은 현재 벌어지고 있는 이슈와 같은 보다 더 일반적인 주제로 대화의 방향을 돌리는 것이다. 그렇게 되면 당신은 자신이 현재 하고 있는 그 어떤 일에 대한 얘기를 말하면서 당신 자신의 삶에 대한 대화에 초점을 맞출 수가 있게 된다. 허풍선이든 그녀의 여동생 허풍녀든, 그들 누구에게도 정면으로 맞서서는 이길 재간이 없다. 그들의 잘난척을 직접적으로 저지하는 것은 거의 불가능하기 때문이다. 굳이 그렇게 할 수 있는 한 가지 전략이 있다면, 그것은 당신이 대화를 직접 이끌어가는 것이다.

‖ 말 한 수 앞질러가는 사람

　잘 고쳐지지 않고 오래 가는 이 대화 범죄가족의 구성원들은 그 허풍선이 남매의 사촌들이다. 일반적으로 이들은 부계의 혈통에서 나온다. 보통 이 '앞질러 말하는 사람들'은 처음부터 허풍을 떨며 자랑을 하지는 않는다. 대신 이들은 늘 우선적으로 상대방의 이야기를 먼저 화제로 올린다. 그런데 이들은 자기네 이야기를 끊임없이 해대는 것이 다른 상대방에게 유쾌함을 주지 못한다는 사실을 전혀 모르고 있다. 이따금씩 이들은 상대방의 이야기를 화제로 올림으로써 자기네가 상대방에게 호의적인 관심이 있다는 것과 그들의 얘기를 귀담아 경청한다는 사실을 보여주고 있다고 실제로 믿는 사람들이다. 그러나 진행되는 이야기를 가만히 들어보면 전혀 그렇지가 않다.

　그럼, 한 가지의 상황을 가정해보자. 브라이언이라는 당신의 동료가 새로운 일자리를 찾고 있는 중이다. 그리고 당신은 상황이 어떻게 진척돼 가고 있는지를 그에게 묻는다. 이어 브라이언이 현재까지의 상황을 정리하여 얘기를 해주자 존은 차라리 백수로 지내는 편이 낫다고 말하면서 자기가 과거에 겪었던 어려움에 대한 이야기를 풀어놓기 시작한다. 사실 그 구직에 대한 상황을 듣기도 이전에 그들은 이미 그 업종분야에서의 상황이 어떻게 돌아가고 있는지에 대한 얘기를 하고 있다. 브라이언의 일자리 찾기와 관련한 얘기는 무심결에 묻혀버렸다. 그의 곤란한 처지에 대한 얘기는 좌중에 전달조차 되지 못한다.

당연히 해결책은 나오지 않았다. 결과적으로 그는 다른 사람으로부터 아무런 위로조차도 받지 못한다. 그에게 격려가 될 만한 말 한마디 주어지지 않는다. 브라이언은 어려움에 처해 있는 자신의 상황에 대해서 그 누구에게도 위로나 걱정스러운 격려의 느낌의 받지 못한다. 존은 브라이언이 어떤 측면으로든 누군가의 도움이 필요한 상황이라는 것을 고려해줬어야 했다. 그러나 그는 그러질 못했다. 오히려 그가 한 것이라곤 좌중의 관심을 브라이언에게서 자기 자신에게로 끌어온 것뿐이었다.

여자들은 또 상대방의 이야기를 멋지게 장식하는 달인이 될 수도 있다. 그런데 그러기보다 이들은 종종 다른 사람과 조화로운 구도라기보다는 대칭구도로 가기도 한다. 일례를 들자면, 로즈는 마크와의 관계 사이에서 생긴 문제에 대해 말을 꺼낸다. 그런데 쉘리는 "어머, 얘. 네가 지금 무슨 말 하는지 알겠어. 우리 앤소니가 과거 한때 얼마나 신경질을 잘 부리던지……"라면서 그것을 자기 나름대로의 위로랍시고 말한다. 처음 말을 꺼낸 로즈의 이야기와 대칭을 이루는 얘기를 한 쉘리는 사실 엄밀히 따져보면 상대방이 처한 상황에 대해 어떤 진심어린 위로나 동정의 말을 하지는 않았다. 한 마디로 그녀는 상대방에게서 하나의 상황에 대한 기회를 빼앗은 것이다. 그녀는 상대방이 하고 있는 말의 중심에 비추고 있는 스포트라이트를 끄고 자기에게 비추게 한 것이다. 다시 말해서 상대방이 자신의 말을 하고 있는 상황에서 그 말의 맥을 끊어 자기에게로 연결한 것이다.

특히 여자들은 아이들 얘기를 하다보면 때에 따라서 곤란한 상황에 직면하게 될 수도 있다. 사실 나 또한 마찬가지로 이따금씩 다른 여성이 자기 아이에 대한 얘기를 할 때 도중에 뛰어들어 내 얘기를 하고 싶을 때가 있다.

사실 그럴 때마다 나는 내 자신을 컨트롤해야겠다는 생각을 하곤 한다. 그러면서 상대방 여성의 아이에 대한 얘기를 잠깐 한 발짝 비켜서서 듣는다. 그러다 보면 내 머릿속엔 그 아이와 비슷한 나이 또래의 내 아이가 보였던 유사한 행동이나 모습이 떠오른다.

그러면서 나는 흥분의 상태로 서서히 빠져든다. 상대방이 하는 말을 듣고 있노라니 기분이 한껏 들뜬 나머지 당장에라도 상대방이 한창 열변을 토하고 있는 와중이라도 당장 뛰어들고 싶은 충동에 빠진다. 물론 그렇게 해서 상대방이 말하고 있는 도중에 치고 들어가 자기의 말을 한다고 해서 대화가 아닌 것은 분명히 아니다. 사실 그런 상황에서는 모든 사람이 대화의 공을 넘겨받고 싶어 한다! 그러나 그렇게 하면 한창 자기 얘기를 열심히 하고 있는 사람에겐 참으로 맥 빠지는 일이다.

그녀의 이야기는 좌중을 꽤나 뜨겁게 달군 공신이다. 따라서 그것을 인정하고 그녀의 이야기를 맘껏 즐기는 것이 중요하다. 그런 상황에서는 굳이 서둘러서 다음 이야기로 넘어갈 필요가 전혀 없다. 만일 그렇게 한다면, 그것은 잘 차려진 식사를 서둘러 허둥지둥 먹는 것과 다를 바가 없다. 이를테면, 굳이 서둘러가면서까지 자기 경험에 대한 얘기를 더해 그 재미있는 대화를 마무리 지을 필요까진 없다는 얘기다.

요즘 흔히 돌고 있는 '한 수 앞서가는' 말로서 가장 널리 알려진 말 중에 이 한마디를 경계하라. "이미 알고 있는 건데"라는 말이 바로 그것이다. 아주 짧은 한 문장이다. 입 밖으로 내뱉어진 이 말은 한 발 앞서서 상대방의 말을 자르고, 한참 열변을 토로하고 있는 사람의 이야기를 순식간에 새로운 이야기가 아닌, 이미 지나버린 낡은 이야기로 전락시켜 버린다. 그렇게 되면 그 주제를 가지고 이렇다 저렇다 더 말할 사람이 없어지게 된다. 결국 말을 자르고 나온 사람은 상대방, 혹은 좌중의 다른 사람들에게 확실한 방법으로 자기의 존재를 알리는 동시에 자기의 경험이 대단히 보편성을 띤다는 것과 자신의 행동이나 판단 등이 다른 사람에 비해 우월하다는 것을 동시에 인지시키는 셈이 된다.

결국 그 주제를 가지고 누군가가 더 자세한 이야기를 덧붙여 이어나간다면 그것은 곧 지루하고 고리타분한 얘기로 남을 수밖에 없게 된다.

이러한 범죄를 중단케 하는 사람들의 얘기에 따르면, 대화를 사지(死地)로 몰아가는 데 꽤나 높은 성공률을 보이고 있는 이들을 저지하는 것이 쉽지 않다고는 하나, 앞서 제안한 방법을 나름대로 은근히 적용해보도록 하라.

위장의 달인인 독점자는 다양한 대화가 전 세계 곳곳에 스며들도록 통치해왔다. 그런데 막상 거기서 나온 희생자들은 대단히 내성적이며 수줍음을 많이 타는 사람이 독점자가 될 수 있다는 사실에 놀라움을 표한다. 독점자는 어디서든 나타날 수 있다. 심지어는 가장 엄선된 이벤트 석상에서 나타날 수도 있다. 이 사람은 모두가 다 주목할 수 있는 잘 보이는 위치에서 대담하게 대화를 장악해나간다. 그는 누가 나서기 전에 재빨리 대화에 합류하여 기술적으로 그 대화를 컨트롤해나간다. 그러나 그 누구도 그 독점자의 범행에 대해서는 일말의 눈치도 알아채지 못한다.

오히려 그 반대로, 좌중의 사람들은 애초부터 그에게 혼을 빼앗긴 나머지 아무런 움직임도 보이지 못한다. 독점자는 자기 노출을 통해 스포트라이트를 한몸에 받는다. 그러면서 그는 좌중의 누군가가 자기에 대해서 불편함을 느끼건 말건 그 부분에 대해서는 전혀 아무런 신경도 쓰지 않고, 도리어 양파의 껍질을 하나하나 벗겨나가듯 끊임없이 계속해서 모든 관심을 자기에게로 집중시킨다.

독점자들은 자신의 사고와 행동을 정당하게 생각한다. 그들은 자기네가 대화를 이끄는 것이 모두를 위한 서비스라고 믿는 사람들이다. 그리고 한 가지 흥미로운 것은, 일반적으로 수줍음 많은 독점자들이 일단 자기에게 비춰오는 스포트라이트에 재미를 붙이게 되면, 그야말로 그는 최악의 공격자가 될 수 있다는 사실이다.

독점자는 혼자서 공을 독차지하고 있기 보다는 좌중의 누군가에게 제법 패스를 잘 하는 편이다. 나는 여러 사람들과 함께 대화를 나누는 자리에서 내가 어떻게 해야 한다는, 내 나름대로 세워 놓은 규칙이 있다. 발언을 하더라도 절대로 5분을 넘겨서는 안 된다는 것이 그것이다. 5분 정도가 되면 가지고 있던 대화의 공을 상대방이나, 혹은 좌중의 다른 사람에게로 넘긴다는 것이다. 오가는 대화의 저항시간을 나는 5분 정도로 본다! 체중을 어떻게 줄였는지, 사업은 또 어떻게 꾸려오고 있는지, 자녀들이 도무지 말을 안 듣는다던지 하는 식의, 어떤 주제를 가지고 얘기를 하더라도 시간은 째깍째깍 흘러가고 있다. 그 얘기가 재미가 있던, 그렇지 않던 간에 나는 5분 정도를 얘기하면 일단 질문을 통해서든, 혹은 어떤 적절한 새로운 주제에 대한 언급을 통해서든 대화의 공을 다른 사람에게로 넘긴다. 당신도 당신에게 적절하고 필요한 비슷한 규칙을 한번 마련해보라. 다른 사람들이 그 점에 대해 감사하게 생각할 것이다.

당신이 만일 독점자와 독대를 하고 있다면 자신을 유지시킬 수 있는 몇 가지 선택사항이 필요할 것이다. 그러나 당신이 만일 상사나 고객, 혹은 당신의 장모님과 함께라면 일단 져주고 들어가면서 그들에게 오히려 경청의 선물을 안기는 것이 최상책으로 보인다. 그런 다음 상황을 봐서, 이따금씩 주제를 바꾸거나, 자기 자신에 대한 어떤 새로운 사실을 스스로 드러냄으로써, 혹은 상대방에게 준비된 몇 가지의 질문을 던짐으로써 상대방이 하고 있는 발언을 멈추도록 유도하거나 끼어들어라. 그다지 어렵지 않게 성공할 수 있을 것이다. 그러나 그렇다고 해서 근본적으로 독점자의 거듭되는 고질적 습관을 뜯어 고치는 것은 거의 불가능하다.

아마 독점자 본인들도 자신을 변화시키는 것이 쉽지만은 않을 것이다. 그들 스스로가 변화의 필요성을 느낄 때에나 가능하리라 본다. 그야말로, 상대방이 자기가 하는 말을 힘겹게 참아내며 듣는다거나, 혹은 자기와 함께 자리하기를 꺼리며 자꾸만 피하려 한다는 사실을 깨달았을 때에나 가능할 것이다. 사실이 그러하니 그런 사람들과 어떤 상황에서 엮이게 되었을 때에는 그저 포기하고 상대방의 얘기를 듣는 무한한 친절과 아량을 베푸는 것이 오히려 속 편한 일이다.

당신이 독점자를 일시적으로 멈추게 할 수 있을 때에는 아주 특별한 일이 벌어진다. 당신이 어느 한계지점에 도달하고 있다면 거기서 그냥 상대방을 위한 경고로서 '항복의 백기'를 던져라. 카레이서가 시간제한을 알리는 백색기를 집어들듯, 당신은 트랙 위를 달리고 있는 독점자를 이치에 맞도록 멈추게 할 수 있기 이전에 백기를 던져야만 한다.

예를 하나 들어보겠다. 당신은 사무실에 있다. 그리고 당신 친구 게리가 방문한다. 자기가 치른 어떤 골프게임에 대한 얘기를 늘어놓으러 온 것이다. 한참 얘기를 듣다가 이제 시간이 다 됐다거나, 관심이 없어졌거나, 혹은 더 이상 듣고 싶은 의지가 바닥이 났을 때, 바로 그

때 당신은 이런 말로써 백기를 던져야 한다.

"와우, 게리. 라운드 샷이 정말 장난 아니었네. 굉장한걸. 그런데 말이야, 얘길 계속 듣기 전에 자네에게 할 얘기가 좀 있네. 예산처리 문제 때문에 좀 준비해야 할 일이 있어서 말이야."

당신은 친구 게리에게 대화를 곧 마무리해야 할 필요가 있다는 신호를 정중하게 제공한 것이다. 그러자 게리는 그 시점으로부터 약 4분 여 동안 자기가 12번과 13번 홀에서 펼쳤던 전략에 대한 얘기를 한다. 이어서 당신은 이렇게 말을 함으로써 이야기를 마무리할 수가 있다.

"게리, 멋지군. 정말 근사한 게임이었군 그래. 그런데 난 아무래도 이만 일어서야겠는걸. 다음에 시간이 허락되면 그 뒷얘기를 계속해서 들려주게나."

그렇게 함으로써 당신은 친구에 대해 크게 신경 쓸 것 없이 자신이 처리해야 할 업무로 곧바로 돌아갈 수가 있다. 여유 있는 모습으로 우아하게, 그리고 상대방에게 정당한 방식으로 신호를 보내면서 잡담이나 대화를 마무리하라.

만일 당신이 세 명 이상의 무리 속에 있다면 당신이 좌장의 역할을 맡아서 독점자를 차단하라. 매년, 나는 대학 친구들과 한 번 정도 저녁을 함께 하며 서로 어울린다. 그중 로리는 대화를 독점하는 전설적인 재주를 지닌 친구로 악명이 자자하다. 앞서 언급한 바와 같이, 그런 상황에서 나는 함께 모인 좌중을 도우며 대화가 오갈 수 있도록 하는 것이 내게 주어진 임무라는 생각이 든다.

그래서 나는 그녀가 어떤 한 가지 주제에 대한 얘기를 대략 5분 정도를 넘어간다 싶으면 이렇게 말하며 나선다.

"로리, 진짜 애덤의 안타행진에 대한 얘기는 정말 몇 번을 들어도 대단한 것 같아. 마릴린, 넌 아이들과 어떻게 지내니?"

로리의 자기 아들에 대한 이야기를 마릴린의 아이들과 연계시키면서 대화의 연속성을 유지시킨다. 그러면서 아주 자연스럽게 또 다른 사람에게 그 주제에 대한 얘기를 할 수 있는 기회를 제공한다.

이를테면, 한 사람이 자기에 대한 얘기를 한도 끝도 없이 주저리주저리 늘어놓는다면 듣는 사람은 대화의 전환을 위해 또 다른 제 3자에게 자연스럽게 대화가 흘러갈 수 있도록 하라는 것이다.

"조, 얘기가 너무 나간다. 래리, 넌 요즘 직장생활이 어떠니?"

독점자는 늘 자기가 부흥을 위한 후보자라는 점을 상대방에게 과시한다. 이들은 언제든 대화의 균형을 회복시킬 수가 있다. 누군가 한 사람에 의한 말이 끊임없이 계속될 경우 그것이 다른 사람에게는 민폐가 된다는 사실을 그들이 깨닫게만 된다면 말이다.

기억하라, 대화석상의 좌장으로서, 당신의 목표는 독점자를 무릎 꿇리는 것만이 아니다. 당신은 대화의 장에 다른 사람들을 참여시켜야 한다. 특히 침묵을 지키며 조용히 앉아 있는 사람들을 말이다. 그들에게 직접 어떤 질문을 하거나, 혹은 적절한 언급을 통해 그들을 대화에 참여시켜야 한다.

독점자가 없는 경우에는 더더욱, 당신은 적어도 한 사람 정도에게는 대화의 순서를 넘겨줘야 한다.

▌방해꾼

방해꾼을 조심하라! 이 악한은 온갖 다양한 모습으로, 다양한 몸집으로, 그리고 다양한 헤어스타일을 하고서 나타난다. 이 방해꾼은 간단하게 말을 끝내지 않는다. 하나의 목적지점을 향해 고공드라이브를 하는 스타일이다. 그리고 인내심도 약하다. 이제야 고백하지만, 나도 방해꾼의 시절을 꽤나 보낸 경험을 가지고 있다. 이를테면, 나는 내 남편을 집요하리만큼 끊임없이 방해한 죄를 범했다. 그래서 한동안 집행유예 기간을 거쳤다. 그러나 또다시 죄를 범하는 과오를 저질렀다. 내 남편은 감정을 제대로 자제할 줄 아는 사람이다. 그러나 나의 끊임없는 방해는 늘 그의 신경을 극도로 거슬러 놓는 원인이 되었다. 그는 내 성미를 잘 알고 있었다. 초창기에 그는 펄펄뛰며 나와 맞섰다. 그러나 지나칠 정도로 너무 자주 내가 그를 방해하자 그는 내게 구원을 요청했다.

그는 종종 뭔가에 대한 얘기를 시작하면 자기 논지를 위해 근본적 이유나 이론적 해석을 내놓곤 한다. 그리고 내가 그에 동의하지 않으면 나는 그의 말이 채 끝나기도 전에 불쑥 끼어든다. 3분 정도면 말을 마무리할 수 있다는 것을 알면서도 나는 그 시간을 기다리지 못하고 즉각적으로 끼어든다. 그 3분이란 짧은 시간도 내겐 3년의 세월처럼 길게만 느껴진다. 대부분의 방해자가 나와 같다. 우리는 다른 사람들이 무슨 말을 하려고 하는지 이미 알고 있기 때문에 그렇게 흘러가는 시간이 아까워 그들이 말하는 도중에 불쑥불쑥 방해하며 끼어든다. 그러지 않으면 다른 사람이 하는 말이 잘못돼서, 그리고 그들이 이끌어 가는 말의 방식이 잘못되었다는 것을 속히 지적을 해줘야 한다고 믿기 때문에 그렇게 대화를 방해하고 나선다. 또한 우리는 다른 사람이 하는 말을 들으면서 그 말에 대한 요지나 본질을 놓치지 말아야 한다고 생각했기에 상대방이 말하고 있는 도중에 느닷없이 끼어들어 상대방의 말을 방해하고 나선다.

그러나 나는 이미 한 번의 이혼 경험을 거치기도 해서, 내 부족한 소견이나 부족한 인내심 등으로 인해서 나와 가까운 사람들을 또 다시 힘들게 하고 싶진 않았다. 그때부터 나는 방해가 바람직한 대화를 심각하게 저해한다는 사실을 깨닫고 그런 행동이나 모습을 보이는 사람들을 대상으로 이렇게 캠페인을 하고 있는 것이다.

누군가가 대화를 방해하거나 저해할 경우 그런 상황을 저지할 수 있는 적절한 구실로는 딱 두 가지가 있다. 이를테면, 하나는 즉시 그 상황에서 자리를 피하는 것이고, 또 하나는 상대가 이끌어 가고 있는 대화의 주제를 도저히 받잡기 어려워 참을 수가 없을 정도에 이르렀다 싶을 경우엔 즉각적으로 대화의 주제를 바꾸는 것이다.

자, 그럼, 이런 생각을 한번 해보자, '내 사무실에, 혹은 내 휴대폰이 울린다면?' 그것이 상대방의 대화를 저지할 수 있는 좋은 구실이 될까? 통상적으로 전화를 받는 것이 최상의 방법은 아니다. 만약에 당신이 걸려온 전화를 받는다면 당신과 마주하고 있는 사람에게는 실례가 되는 행위이다. 그러나 만일에 당신이 어떤 중요한 전화를 기다리고 있는 상황이라면 상대방에게 그 전화가 어떤 전화라는 것을 말하여 사전에 양해를 구한 다음 걸려온 전화를 받아야 한다. 이를테면, 당신에게 걸려온 전화를 받는 것이 당신이 현재 나누고 있는 대화를 방해하는 것은 아닌지, 그리고 그 전화를 받아도 괜찮은지 상대방에게 먼저 예를 갖춰 물으라는 것이다. 이런 행동은 당신이 함께 하고 있는 사람을 존중하고 있다는 간접적인 표현이 되며, 앞으로도 지속적으로 그와 바람직한 관계를 유지하는 토대가 될 것이다.

▌패배를 깨끗이 인정하지 않는 사람

패배를 깨끗이 인정하지 않는 사람은 대화를 자멸의 길로 빠지게 하는 남다른 재주를 지니고 있다. 이런 사람은 서로 간에 보이지 않는 어떤 규칙대로 처신하기를 거부함으로써 자신의 대화를 스스로 죽음에 이르게 한다. 착각에 빠진 이 교활한 환상가는 열린 대화를 추구하는 질문을 닫힌 대화로 이끄는 질문으로 전환시켜 버린다.

연막전을 펼치듯 이들은 사실을 은폐하고 진실을 왜곡시키면서 상대방에게 좋은 질문이 담긴 말은 늘 줄일 궁리를 하며, 구체적이고 여유 있는 답변보다는 단답식의 답변을 유도한다. 그리고 "주말엔 뭘 하셨나요?"라는 질문을 누군가로부터 받으면 이들은 "뭐, 특별한 것 없었습니다"라고 답해 버린다. 방금의 질문은 이 까칠한 사람에게 열린 대화를 위해 몇 가지의 내용 중에 한두 가지를 스스로 골라 답할 수 있도록 충분한 여지와 함께 제시된 것임에도 불구하고, 이 사람은 그 기대에 부응하는 게 아니라 오히려 대화를 더욱 빈곤하게 고갈시키고 있다. 패배를 깨끗이 인정하는 않는 이 사람은 상대방과 조화를 이루며 어울리길 거부한다. 통상적으로 이들은 규칙을 무시하고 뿌루퉁해 있다. 그리고 아무런 사전 경고 없이 게임을 중단시켜버린다.

이런 부류의 사람 중 일부는 단 한 번도 적당한 교육이나 훈련을 받은 경험이 없다. 이들은 열린 질문은 어떻게 해야 하는지에 대한 것도 전혀 모른다. 일부는 그럴싸한 프로그램을 제시하며 상대방에게 장밋빛 약속을 제시한다. 바로 당신이 이들을 돕겠다면, 그간 열린 대화를 추구해왔듯이 그들의 닫힌 질문에 대한 응답을 열린 질문을 하듯 해야 한다.

이를테면, 이들이 당신에게 "주말은 어땠습니까?"라고 질문을 해오면 "좋았어요. 당신은 어땠나요?"라는 식으로는 답하지 말라. 그런 것 보다는, "좋았어요. 아이들을 데리고 스키장엘 갔었거든요. 애들이 어찌나 좋아하던지. 아주 환상적인 날이었답니다. 한 가지 아쉬웠던 점은 마이크가 스키를 타다가 조금 다쳤거든요. 하지만 금방 회복이 돼서 이젠 아무렇지도 않아요"라는 식으로 답을 하라. 사실 당신은 그간 이런 사람들을 꾸준히 도와왔을 것이다. 이를테면, 당신은 그간 상대방이 어떤 특정한 것에 대한 질문을 해올 수 있도록 그들에게 미리미리 관련 정보를 제공하지 않았던가. 그들과 당신과의 대화가 슬금슬금 소멸해가지 않도록 말이다. 그리고 당신은 그들과의 사이에 존재하는 서로 간의 간극에 다리를 놓아 연결하고, 그들과 지속적인 대화를 유지해 나갈 수 있도록 창조적인 노력을 기울여 오지 않았던가. 여기서 한 가지 유의해야 할 사항을 전한다. 자기의 패배를 깨끗이 인정하지 않는 사람 앞에서 당신은 너무 쉽게 독점자가 될 수도 있다는 사실이다.

그렇기 때문에 오히려 당신은 이들 앞에서는 자기 자신을 자제하려는 노력을 겸해야 한다. 그리고 다른 사람에게 대화의 공이 꾸준히 넘어갈 수 있도록 노력하라. 그리고 정보를 공유하라. 그것은 대화를 이어가는데 큰 기여를 하게 될 것이다. 그렇다고 상대방이나, 혹은 좌정하고 있는 누군가의 인기를 가로채지는 말라!

▌똑똑한 체하는 사람

이 골치 아픈 족속들은 또 오만과 자만으로 당신을 쓰러 넘어뜨릴 것이다. 그들은 자기네가 모든 것을 다 알고 있다고 생각하며, 실제로 당신에게도 그렇게 말할 것이다.

주식시장이 곤두박질칠 거라고, 혹은 최고치를 기록할 상황이라고. 그들은 그런 낌새를 막 감지했다고 말하면서. 뿐만 아니라, 선거가 어떻게 끝날 거라는 둥, 혹은 다가올 겨울엔 또 끔찍한 혹한이 찾아올 거라는 둥. 이러저런 상황을 마치 자신이 다 알고 있다는 듯이. 그야말로 그들이 알고 있는 것엔 끝이 없다.

한편, 그들은 자기네가 항상 옳다고 알고 있기 때문에 다른 사람들에게 그들의 의견이나 주장을 요청하는 일은 없다. 그런데 만일 누군가가 자기 의견을 제안해오면 똑똑한 체하는 이 족속들은 서슴지 않고 그들의 의견을 제지해버린다.

다음으로, 이들은 좌중 전체를 침묵하게도 할 수 있다. 왜냐하면 그 똑똑하고 잘난 체하는 사람에게 수모를 당하는 위험을 감당하고 싶은 사람은 그 누구도 없기 때문이다. 그러니 당신은 그가 누구든 상대방의 의견에 아무런 관심을 보이지 않으면서 자기 자신의 의견에 대해서만 주장하고자 하는 사람을 경계하라.

혹시라도 당신이 자신의 주장을 다른 사람 앞에서 휘두르고 있는 것은 아닌지도 이번 기회에 돌아보라. 당신은 그저 자신의 상황에 맞는 개인적인 입장을 제시하고 있을 뿐이라는 사실을 다른 사람들 역시 그렇게 인지하고 있는지 점검하라.

비교적 적절한 말로, 누군가가 똑똑한 체하는 사람이 되지 않도록 미연에 방지할 수 있는 아주 단순하고 간단한 질문이 하나 있다. 세 단어로 이루어진 한 문장의 질문.

"당신의 의견은 무엇입니까?"

▋ 충고자

충고자는 범죄의 현장에 늘 콜링카드(장거리 시외통화 카드)를 남긴다. 그는 다른 모든 사람들의 문제에 대해 그 나름대로의 끊임없는 해결책을 정렬시킴으로써 이미 그 신분이 보장된 사람이다. 이 사람은 모든 분야에 있어서 정말로 탁월한 전문가이다. 이 충고자에겐 해결방책이 없는 문제는 아무 것도 없다. 그리고 이 사람은 그 어떤 사람이 당면한 문제에 대해서도 그 나름대로의 해결방안이 있다! 이 사람은 누가 굳이 요청해 오지 않아도 너그러이, 아주 관대하게 문제 해결책을 제공한다. 그것도 아무런 대가 없이.

관대한 성격임에도 불구하고 이 사람은 간섭과 참견으로 아주 순조롭게 잘 나가는 대화의 상황을 깡그리 죽여버리는 실질적인 무법자이다. 이를테면, 좌중한 사람들은 실제로 누군가의 충고나 조언을 원하지 않는다. 그들이 원하는 것은 상대방으로부터 어떤 따뜻한 동정이나 연민의 말이다. 충고자가 누군가를 구해내겠다며 백마를 타고 나타나면 상대 당사자는 그만큼 더욱 작아지게 되어 있다. 충고자는 상대방에게서 조그마한 단편적인 얘기를 하나 듣고는 상대방이 현재 처해있는 딜레마를 제대로 이해했다고 판단하며 자기가 그에 대한 완벽한 해결책을 가지고 있다고 생각하는 것 같다. 오히려 그 충고자는 요구받지 않는 해결책을 제시하기 보다는 상대방이 현재 어떤 상황에 처해 있는지 그 부분에 대해 좀 더 깊이 이해하려 하면서 그에게 심적으로 도움이 되어줄 수 있는 사람이 되는 것이 훨씬 더 바람직하다.

충고자는 적잖이 사람의 관심을 끈다. 아니, 매력적으로까지 보인다. 낙관적인 성격에 언제나 자신감에 차 있고, 거기에다 늘 누군가를 도와주고 싶어 하기 때문이다. 그런 요소들이 바로 그들을 더욱 약삭빠르고 교활하게 만든다. 그래서 어떤 상황에서는 그런 사람과 쉽게 무심결에 경쟁하게 되기도 한다. 사실, 최근에 나는 바로 그 충고자의 흉내를 낸 적이 있다. 물론 나는 곧바로 그런 내 자신을 깨달았고, 그런 자신이 정말 부끄럽기 한량 없었다!

최근에 나는 한 의료기 공급업체 회사에서 세일즈 부서의 대 조직 관리자로 승진을 한 빌이라는 친구와 함께 점심을 먹고 있었다. 그러나 그는 그 자리에서 새로 책임을 맡게 된 세일즈 프로모션 부분에 대한 어려움을 토로하고 있었다. 세일즈 실적은 감소했고, 그렇다고 뾰족하게 앞으로 치고 나갈 방안도 없고, 이래저래 풀이 한풀 꺾여 있는 상태였다. 그래서 나는 그를 위해 해줄 수 있는 내 나름대로의 해결방안을 조목조목 애길 해줬다.

"네가 성공할 수 있는 열쇠는 뭐니뭐니해도 팔고, 팔고, 또 파는 거라 생각해. 가시적인 성과가 최고니까 말이야. 문이 열릴 때까지 계속 그 문을 두드리라는 거지."

사실 빌에겐 내 충고가 필요 없었다. 그가 내게서 필요로 했던 건 정신적인 지지와 후원이었다. 그는 자기가 처해 있는 어려움을 내게 털어놓고 싶었던 것이고, 또 자기 생각을 나와 함께 나누고 싶었을 뿐이었다. 그런 사람에다 대고 내가 어떤 해결책을 줍네, 하는 것은 그야말로 번지수를 잘못 찾은 처사였다. 한마디로, 나는 내 식대로 그에 대한 생각을 넘겨짚은 것에 불과했다. 분명 빌은 내게 어떤 충고나 조언을 요구하지 않았다. 그렇다고 해서 내게 어떤 지혜를 구하고 있던 것도 아니었다는 것이다. 다만 그는 관심 있게 들어줄 귀를 원했던 것이다. 그래서 해주고 싶은 말은 당신도 나와 같은 실수를 반복하지 말라. 차분히 관심을 갖고 경청하는 선물을 상대방에게 선사하라. 그리고 요청이 있을 시에만 충고나 조언을 해주도록 하라.

충고자들은 도처에 널려있다. 나는 콜로라도 주 중서부에 위치한 베일(Vail)이라는 소도시(스키 휴양지로 잘 알려져 있다.)의 한 스키장의 경사지에서 우연히 한 사람을 만났다. 그때 나는 스키 강사들에게 강의를 하러 그곳에 가 있는 중이었다. 나는 고소공포증을 무시하고 스키 레슨을 받기로 결심했다. 스키 강사들이 그 세미나를 통해서 어떤 도움을 얻었는지를 볼 요량이었다. 나는 그때까지도 눈 구경을 한 번도 해본 적이 없는 앨라배마에서 온 한 가족과 팀을 이루고 있었다. 레슨이 시작되었다. 나는 그때 얼마나 조심조심 스키를 타고 있었던지! 스키 강사가 내 모습을 눈여겨보는 눈치였다. 앨라배마에서 온 사람들보다도 오히려 내가 훨씬 더 겁을 내며 입을 꾹 다물고 스키를 타고 있는 모습이라니! 그 강사는 내가 분명 남들보다 훨씬 약한 다리 근력을 가지고 있었을 거라고 판단한 것 같았다. 그래서 그는 내게 나타난 문제를 해결하기 위해 다리 힘을 강화시킬 수 있는 동작을 시범적으로 보여주었다.

그러나 실상의 문제는 내가 아니라 그 강사(충고자)에게 있었다. 그는 내게 더 이상의 아무런 질문도 하지 않고 내가 처한 어려움을 그 나름대로 판단을 하고 진단을 내린 것이었다. 그는 내가 얼마나 열심히 달리기 운동을 열심히 하는 사람인지 몰랐다. 감사하게도 내 다리 근육은 아주 튼튼했다! 다만 고도 11,000피트의 위치에서 서 있다는 것에 대한 내 공포가 내 두 다리를 마비시킬 정도로 후들거리게 했던 것뿐이었다. 만일 그 충고자(강사)가 내가 지니고 있는 실제의 결점을 알고 있었더라면 그는 내게 더 효율적인 스키레슨을 해줄 수 있었을 것이다. 그리고 질문을 통해서 나에 대해 좀 더 파악을 시도했었다면 그는 내가 원래 지니고 있었던 문제가 그 자신이 생각했었던 것과는 다르다는 것을 파악하게 되었을 것이다.

외과 의사들은 가장 악명 높은 충고자들 부류 중 한 부류일 수도 있다. 그들은 종종 환자들이 하는 말을 중간에서 차단하며 방해를 하고 환자가 모든 상황을 다 말할 수 있는 기회를 갖기도 전에 환자가 어떤 문제에 직면해 있는지를 진단해 버린다. 그래서 의사들은 종종 환자들이 문제의 핵심에 도달하기도 전에 진료실 방문을 나서도록 만든다. 만일 의사가 환자의 증상에 대해 어떤 진단을 내리기에 앞서 잠자코 앉아서 환자가 하는 말을 충분히 들어준다면 그 진료는 훨씬 더 성공적인 결과를 가져오게 될 것이다. 서로가 긴장을 풀고 주어진 시간을 즐긴다면 당연히 더 나은 결과가 나오지 않겠는가!

▮ 대화범죄로부터 자유로운 대화

지금까지 소개한 여덟 가지 유형의 범죄는 대화를 하나의 생명체로 보았을 때 그것에 위해를 가해 피를 흘리게 할 수도 있는 행위이다. 그렇다, 열렬히 범죄를 갈망하는 이들도 있다. 이런 족속들의 대다수는 주로 경범죄를 저지르는 조무래기 범죄자들이다. 이들의 언행은 대화에 상처를 주긴 하지만 죽이진 않는다. 이제 당신은 그런 경범죄인들을 어떻게 대해야 하는지에 대한 기술을 나름대로 터득했으리라 생각한다. 그러나 그렇다 하더라도 당신이 마주하고 있는 사람이 일단 그 '긴급 수배자' 명단에 오른 사람이라는 것을 인지하게 되면 경계를 게을리 하지 말라. 대화의 달인도 매복하고 있는 상대방에게는 습격을 당할 수도 있기 때문이다.

사실 우리는 각자 나름대로 전과기록을 지니고 있기 때문에 당신은 그 자리에서 대화를 멈출 수밖에 없을 수도 있다. 사실 내 자신 역시도 나 자신을 단속하고 경계하지 않으면 고질적으로 어느 순간순간에 방해꾼으로 돌변하곤 한다. 당신이 마더 테레사인 체하지 않는다면 그런 기회는 언제든 당신을 찾아간다. 만일 당신이 주의하지 않는다면 당신의 약한 대화력은 당신을 일순간에 '긴급 수배자' 명단에 올려놓을 수도 있다. 당신 스스로가 대화의 범죄자가 되지 않도록 늘 조심하라. 바로 당신 자체가 잘 나가는 일명, '훌륭한 대화의 살인범행 방조자'가 될 수도 있기 때문이다.

당신이 순탄한 길을 가고 있다 하더라도, 그리고 상쾌한 대화를 이끌어가고 있다 하더라도 어느 순간에 당신 자신이 중죄인이 될지, 그리고 완벽하리만치 멋진 대화를 초토화시키게 될지는 아무도 모르는 일이다. 가끔씩 범죄의 구렁텅이에 빠져 헤어날 길이 없을 때가 있다. 상황을 감지하고 재빨리 자기 자신을 안전한 장소에 대피시키지 않는 한 말이다. 상황이 감지되면 그 즉시, 미리 구상해둔 몇몇 대피 통로를 이용해 재빨리 그 상황에서 벗어나는 것이 당신이 마땅히 취해야 할 행동이다. 필요하다면 말이다. 그렇다고 두려워하거나 염려할 필요까진 없다. 다만, 나는 당신에게 해가 미칠 수 있는 곳에 당신을 그대로 방치하지는 않을 것이다. 바로 그 비상 탈출구가 지금 당신을 기다리고 있다.

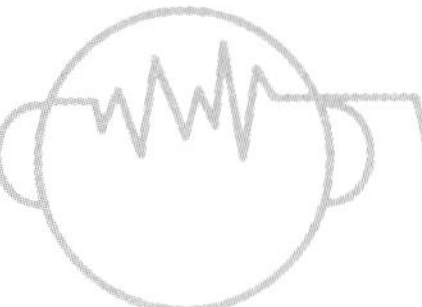

PART 9

우아한 탈출을
시도하라

"긍정적인 여운을 남기며 멋지게 헤어지는 방법은 장래의 지속적인 상호교류를 위해 상대방에게 감사와 존중의 뜻을 보이면서 대화를 마무리하는 것이다."

"긍정적인 여운을 남기며 멋지게 헤어지는 방법은 장래의 지속적인 상호교류를 위해 상대방에게 감사와 존중의 뜻을 보이면서 대화를 마무리하는 것이다."

당신이 대화 범죄자로부터 벗어나고자 하건, 혹은 대화가 좀 더 진행되길 원하건 간에 상대방에게 불쾌감을 주지 않고 자연스럽게 대화에서 빠져나올 수 있는 방법이 몇 가지 있다.

가만히 보면 사람들은 두 가지 이유로 자기의 기본적인 의지와는 달리 좀 더 길게 대화의 자리에 머무르게 되는 것 같다. 한 가지는, 그들은, 특히 단 두 사람이서 대화를 나눌 경우, 자기가 상대방이 쳐놓은 대화의 덫에 걸려 있다고 느끼고는 상대방보다 먼저 자리에서 일어나야 한다는 생각을 어느 정도 포기한 데서 기인하는 것 같다.

또 다른 한 가지 이유는, 상대방이 대화 범죄를 저지르고 있다는 것에 전혀 불편함을 느끼지 않기 때문에 굳이 그 자리를 떠나야겠다는 생각을 하지 않는 데에 기인하는 것으로 판단된다. 만일 당신이 어떤 파티, 미팅, 혹은 또 다른 어떤 모임에 참여해 있다면, 그리고 당신의 목표가 새로운 사람들을 만나는 것이라면, 당신은 자신의 목표를 달성하기 위해서라도 자신이 알고 있는 그 누군가와의 대화를 편안하게 유지시킬 수 있는 용기를 가질 필요가 있다. 그리하여 적절한 대화를 무사히 마친 후 진정한 작별의 정을 나누게 될 경우, 두 사람 간엔 돈독한 관계가 형성될 것이다.

당신이 대화의 자리를 뜰 생각에 나름대로 마무리 준비를 한다면 이것 두 가지만은 늘 상기하도록 하라. 하나는, 애초에 당신이 마주하고 있는 대화의 파트너를 왜 만나려고 했는지를 떠올려보는 것이며, 다른 하나는 애초에 나누었던 본래의 대화 주제로 돌아가는 것이다. 그렇게 하는 것이 당신이 마주하고 있는 사람과의 만남을 의미 있게 마무리하는 제스처가 되며, 그럴 때 당신은 보다 편안한 마음으로 그 자리에서 일어날 수 있게 된다. 예를 들어 보겠다. 나는 어느 대형 회사가 마련한 개업식에 참여했다. 대화 파트너를 그 자리에 남기고 자리를 뜨기 전에 나는 이렇게 말했다. "톰, 의료산업계에 관심을 끌만한 변화에 대한 얘기 정말 유익했습니다. 저기 보이는 저 여자 분과 잠깐 좀 나눌 얘기가 있어서요. 저 분이 이 자리를 뜨기 전에 아무래도 지금 저쪽으로 가봐야 할 것 같아요. 좋은 말씀과 전문가적인 시각에서의 의견, 정말 감사했습니다." 톰도 내 말에 이어 내게 화답을 보냈다. 이어 우리는 서로 악수를 나누고, 나는 내가 만날 사람이 있는 쪽으로 이동을 하고, 톰 역시 그가 가고자 하는 방향으로 이동을 하였다.

당신은 어떤가. 한번 돌아보라. 과연 나는 누군가와의 대화 도중에 자리를 일어서야 하는 불가피한 상황에서 상대방에게 제대로 양해를 구하지 않은 적은 없는지. 사전 양해를 구하고 아기 돌보는 사람에게 전화를 걸어야만 한다는 얘기를 했는지, 혹은 휴대폰에 호출 문자메시지가 와서 그것에 대한 답을 하고 다시 오겠다는 양해는 구했는지. 옛말에, "솔직함이 최고의 예절이다"라고 했다. 내가 생각해도 맞는 말인 듯싶다. 자리에서 일어나고자 할 때에는 반드시 그리 해야 하는 이유를 솔직하게 상대방에게 말하라. 중요한 부분이다. 당신이 누군가와 함께 나누고 있는 대화가 탐탁지 않아 그 자리에서 일어서고자 하건, 혹은 꼭 그런 이유가 아니더라도 그 자리에서 벗어나고자 하는 생각이 굴뚝같건 간에, 어쨌든 일어서려거든 지혜롭게 마무리하고 일어서라. 그래서 누군가와의 대화 자리에서 먼저 일어서고자 할 때 활용할 만한 몇 가지 깍듯한 언어표현을 한번 정리해보았다.

- 전시회를 좀 보러 갈 필요가 있어서요.

- 저 연사분께 여쭐 말씀이 있어서 먼저 좀 일어나 볼게요.

- 자리를 죽 돌아다니면서 새로운 분들을 좀 더 만나 말씀을 나눠 보려고요.

- 오늘 이 자리에 우리 업계에서 또 다른 어떤 분들이 오셨나 한번 돌아볼까 합니다.

- 우리 이 모임의 회장님께서 자리를 뜨시기 전에 그 분과 말씀을 좀 나눠볼 생각

입니다.

- 오늘 저녁 이 모임의 자리를 나서기 전에 새로운 분을 한 세 분 정도는 만나야겠다고 제 자신과 약속을 하고 왔거든요.

- 오늘 아침에 나름대로의 잠재력을 지닌 다른 몇몇 분을 만났으면 하거든요.

- 죽 돌아다니면서 오늘 이 모임/ 파티/ 행사에 참여하신 모든 분들을 좀 일일이 뵙고 인사를 드렸으면 해서요.

지금까지 제시한 탈출 어드바이스 정도면 충분히 어느 자리에서건 부담 없이 자리를 뜰 수 있을 것이다. 다만, 제시된 예들을 자신의 상황에 맞게 대체하여 적절히 표현하면 될 것이다. 그리고 한 번 더 거듭 강조하지만, 당신이 대화의 자리를 떠날 때에는 그렇게 해야만 하는 나름대로의 사유를 상대방에게 정확히 인지시켜야 한다. 그렇게 해야 상대방은 당신이 처한 상황을 제대로 인식할 것이며, 그럴 때 비로소 서로 간에 오해가 생기지 않는 법이다.

그리고 또 그렇게 해야 당신 자신도 상대방에 대한 부담으로부터 자유로울 수가 있다. 따라서 당신이 다른 곳으로 이동하는 것이 자기와의 관계에 어떤 문제가 있어서도, 혹은 자기와의 대화 내용 자체에 어떤 문제가 있어서 그런 게 아니라는 것을 그 스스로 분명히 인지하게 될 것이다.

비상 탈출의 기본 룰은 대화의 자리를 뜰 때 당신이 상대방에게 밝힌 사유대로 처신하는 것이다. 만일 당신이 전시를 보러 가겠다는 말과 함께 조안에게 작별인사말을 건넸다면, 그 말대로 전시를 보러 가라. 만일 어딜 간다고 해놓고 그쪽으로 가는 것이 아니라 전혀 다른 곳으로 방향을 튼다면 당신은 방금 전까지 함께 했던 사람을 모욕했다는 위험에 직면하게 될 수도 있다.

이를테면, 당신이 이동하고 있는 중에 빈스가 당신을 불러 세우더라도 거기에 멈춰서 있지 말고 이렇게 말하라, "빈스, 그동안 잘 있었어요? 여기서 이렇게 우연히 만나게 되다니 반갑군요. 난 지금 전시회를 보러가는 길이거든요, 저랑 함게 갈래요? 아니면 나중에 또 뵙고 말씀 나누도록 하는 게 어떨까요?" 그런데 그렇지 않고 만일 당신이 빈스와 그 순간 함께 어울려 어디 다른 곳으로 가게 되는 실수를 범한다면 조안은 당신이 빈스 때문에 전시회에 못 간 것으로 생각하지 않을 것이다. 그녀는, 자기가 본 그대로 당신은 그냥 전시회엘 가지 않은 것이다. 그러니까, 그녀는 당신은 아예 애초부터 전시회로 향하지도 않은 것이며, 당신의 궁극적인 생각은 그저 조안과의 대화를 어서 끝내고 다른 곳으로 가겠다는 것으로만 생각할 것이다.

그렇게 되면 조안에 의해 당신의 명성은 퇴색될 수밖에 없으며, 당신은 예의 없이 무례한 사람이 되고, 더 나아가 또 다른 어떤 오해를 받게 될 수도 있다. 당신이 말한 대로 다음 행선지를 가지 못함으로써 전에 함께 했던 사람과의 관계에 상처를 내는 기회나 구실을 아예 만들지 말라.

▋ 늘 새로운 비즈니스를 모색하라

누군가와 편하게 어울리며 나누게 되는 대화보다 당신 자신이 미리 준비한 대화의 의제(議題)에 집중하면서 이끄는 대화가 훨씬 더 생산적이다. 이를테면, 당신은 자신이 만나고자 하는 대상의 캐릭터를 떠올리며 그에 어울리는 질문들을 준비하게 될 것이다. 그러면 실제로 그를 만나서도 당신은 자신이 이미 구상한 의제를 중심으로 원하는 방향대로 이야기를 이끌면서 당신의 목적한 바를 이뤄나가게 될 것이다. 그렇게 되면 그 대화에서 벗어나고자 할 때에도 당신 나름대로의 출구를 그다지 어렵지 않게 찾게 될 것이며, 대화의 주제를 다른 방향으로 바꿀 수도 있다. 따라서 당신이 대화의 진행이나 흐름을 직접 이끌게 된다면 쉽사리 대화를 끝내거나 거기에서 벗어날 수 있는 다양한 출구 또한 마련할 수 있게 될 것이다.

당신은 즐거운 마음으로 어떤 비즈니스 문제라던가, 혹은 누구를 소개받는다던가 하는 부분에 있어서 대화 파트너에게 도움을 요청을 수 있다. 이를테면, 약 15분여 동안 당신이 쉘비와 대화를 나눠오고 있었다고 하자. 그리고 그 파티가 끝나기 전에 몇몇 다른 사람을 더 볼 필요가 있는 상황이라고 하자. 당신이 요청만 한다면 쉘비는 실제로 당신이 원하는 것을 할 수 있도록 도움을 줄 수가 있다. 당신은 이렇게 말하는 것이다.

"쉘비, 집에서 맥으로 그래픽 작업을 해오고 있는데 일이 영 잘 안

풀리네. 혹시 오늘 여기 온 사람 중에 누가 PC상에서 이 프로그램을 사용하고 있는지 알고 있어?"

쉘비는 그와 관련하여 자기가 알고 있는 누군가에게로 당신을 데리고 가거나, 아니면 그런 프로그램을 사용할 줄 아는 사람에 대한 정보가 전혀 없다고 말할 것이다. 어떤 식으로든, 당신은 분명한 틈을 마련하는 데 성공한 셈이다. 만일 쉘비가 당신을 도울 수 없다면, 당신은 그냥 그녀에게 감사하다고 말하면 된다. 그러면서 누군가를 꼭 찾아서 만나봐야 할 필요가 있다는 사실을 전하고, 그 자리에게 바로 작별인사를 나누면 된다. 아주 간단하지 않은가. 대화를 마쳐야 한다는 생각에 빠져 성급한 말이나 행동으로 인해 문제를 만들지 말라. 머릿속으로 당신의 의제를 확인하라. 그리고 당신의 목표 달성을 위해 누군가에게 당신을 도울 수 있는 사람을 소개해달라는 부탁을 하라.

사업 확장을 위해 장래성 있는 고객이나 함께 일할 수 있는 사람을 당신이 찾고 있다고 가정해보자. 그리고 바로 이런 구상을 하고 있는 가운데 어떤 회합에 나갔다고 하자. 그것을 성취할 생각이라면 당신은 그러한 자신의 생각이나 의제를 다른 사람에게 직접 표현할 필요가 있다. 당신은 간단하게 이렇게 말할 수 있겠다. "패트릭, 지금 하고 있는 일을 병행하면서 또 다른 비즈니스를 통해 소득을 올리는데 관심을 둘만한 사람으로 누굴 좀 알고 계시는지요?"

이와 같은 질문은 당신에게 두 가지의 좋은 결과를 가져다준다. 먼저, 하나는 당신이 야심 있는 사람을 찾고 있다는 것을 무척 조심스럽고 겸손한 방식으로 상대방에게 넌지시 알려줌으로써, 패트릭 그 자신이 그것에 관심을 가질 수도 있다. 또 한 가지 예상되는 좋은 결과는 당신이 다른 사람과의 연결채널을 열어놓았다는 것이다. 패트릭은 이렇게 말할 수 있다. "짐, 저기 저쪽 문 옆에 있는 사람이 바로 잭이라는 분인데요. 그분이 딱 적격입니다. 그분이라면 아마 관심을 가지지 않을까 생각합니다." 그러면 이제 당신은 제법 우아하게 기존의 대화의 자리를 떠서 당신이 염두에 두고 있는 것에 관심을 가질 수 있는 그 누군가에게로 이동을 할 수 있게 된다. 당신은 짐에게 다가가 이런 말을 하면서 자신에 대해 소개를 하면 된다. "방금 전까지 막 패트릭과 얘기를 나누고 있었습니다. 그분이 말씀하시던 걸요, 당신께서 딱 적격이시라 하더군요." 그렇게 자신에 대한 소개를 하면서, 당신은 큰 애를 쓰지 않고서도 어떤 하나의 주제에 대한 대화를 할 수 있게 되지 않겠는가! 그럼으로써 당신은 마침내 새로운 협력자 내지는 고객을 확보할 수 있게 되는 것이다.

누군가와 대화를 나누다가 그 자리를 뜨면서 상대에게 자신이 구상하고 있는 사업과 관련하여 어떤 부탁을 하거나, 아니면 만나고 싶은 유형의 어떤 사람을 소개해달라는 말을 하고 싶으면 주저 말고 하라. 비즈니스미팅에 참여한 사람들 모두는 각자 그 나름대로 의제를 지니고 있는 사람들이다. 실제로 모든 사람은 늘 새로운 비스니스를 모색한다. 그 과정에서 누군가에게 어떠한 사람을 소개해달라는 청을 하거나, 혹은 비즈니스와 관련하여 어떤 부분에 대한 내용을 묻거나 하는 등의 방식에 대해서는 크게 염려할 필요는 없다. 그 내용과 관련한 몇 가지 질문의 예를 소개해본다. 한번 시도해보라. 그리고 당신의 필요나, 혹은 당신의 개성에 어울리는 한두 가지 질문을 가지고 한번 따라 해보라.

- _______를 필요로 하는 사람이라면 어떤 분이라도 좋으니 좀 추천을 해주실 수 있으신지요? 소개를 해주신다면 정말 감사하겠습니다.

- _______에 대한 얘기를 함께 나눌 수 있는 사람에 대한 소개를 부탁드려도 될까요?

- _______로 날 도울 수 있을만한 사람을 혹시 알고 계십니까?

- _______에 관심 있는 사람을 만났으면 하고 바라던 차인데, 혹시 그럴만한 사람을 알고 계시는지요?

- _______위원회에 가입하는 것과 관련하여 여기에 계신 어떤 분에게 말을 하면 될까요?

- _______일자리를 찾고 있는 중입니다. 그것과 관련한 정보를 얻을 데가 없을까요?

비즈니스 환경에서 볼 때 지금 예시한 이런 질문들이 유별나다거나 특별한 것들은 아니다. 그렇기 때문에 사교모임에 가서도 이 질문들을 부담 없이 얼마든지 활용해도 괜찮다. 이와 관련하여 다음에 몇 가지 예시를 더 들어보고자 한다.

- 하이킹에 관심이 있거나 하이킹 모임에 대한 정보를 갖고 계신 분을 찾고 있는데요. 그와 관련하여 제게 도움을 주실 만한 분이 지금 여기에 계실까요?

- 이 분야에 막 새로 들어오신 분을 좀 알고 계신지요?

- 자선활동에 관심 있으신 분을 찾고 있는데요. 혹시 누구 소개해주실 만한 분을 좀 알고 계신지요?

▋ 대화에서 탈출하고자 할 때의 에티켓

사람들은 일반적으로 대화의 주 멤버나 이슈가 바뀌는 시점에 그 자리를 뜨거나 이동을 한다. 이를테면, 새로운 사람이 대화그룹에 참여하게 되거나, 혹은 어느 특정의 대상으로 이야기가 시작될 즈음 기존의 무리 중 한두 사람은 자연스럽게 그 자리를 뜨거나 다른 곳으로 이동을 하게 된다. 그야말로 대화무리에서 쉽게 재빨리 빠져나올 수 있는 절호의 기회인 셈이다.

대화를 이끌고 있는 사람 역시 이런 기회를 이용해 자연스럽게 어느 특정한 한두 명의 사람을 좌중으로부터 축소시키기도 한다. 분명한 것은 어느 특정한 대화의 자리를 뜨고자 할 때 당신에게 가장 빠른 탈출 시점은 대화진영이 바뀌는 시점이라는 사실이다.

주제의 변화는 당신이 상대방과의 대화에서 벗어나고자 할 때 활용하면 된다. 이 방법은 단 두 사람이 대화를 나누고 있는 상황에서도 얼마든지 가능하다.

이를테면, 누군가 다른 사람에게 당신이 함께 대화를 나누고 있는 상대방을 소개시켜주는 것이다. 어떻게 보면 당신의 대화 파트너를 그와 어울릴만한 요소를 지니고 있는 또 다른 사람에게 인계하는 셈이다. 이런 전환의 시점에 적절히 활용할 수 있는 말로 다음과 같은 표현을 들 수가 있다.

● 제가 잘 알고 있는 사람 중에 당신과 같은 분야에서 일하고 있는 사람을 소개해드릴까 합니다. 아마 그분이 여기 오셨을 겁니다. 잠시만 한번 기다려보시지요.

● 매트는 재미있는 이력의 소유잡니다. 아주 대단한 친구예요. 제가 두 분을 각자 서로에게 소개해드리고자 합니다.

● 오늘 강연을 하신 분을 만나러 갑시다.

● 죽 한번 둘러봅시다. 새로운 사람을 좀 만날 생각을 하면서 이곳에 왔거든요.

● 우리 가서 저녁이나 합시다.

또 다른 목적지를 향해 가고 있는 당신이 현재 대화 파트너와의 동행은 상대방에 대한, 무척이나 정중하고 사려 깊은 행동방식이라 하겠다.

이 경우 당신은 자신의 의제를 그대로 유지하는 가운데 상대방을 홀로 남겨둔 채 자리를 뜨지 않지 않아도 되니 서로에게 좋은 일 아닌가. 입장을 바꿔놓고 한번 생각해보라. 누군가가 당신과 함께 이야기를 나누고 있다가 그 다음 순서에 상대방이 당신에게 동행을 물어올 경우를. 어떻겠는가, 그렇게 되면 당신은 또 다른 사람에게 소개될 것이 아닌가. 설사 당신이 새롭게 만나는 사람이 양에 차지 않는다 하더라도 당신은 일단 품위 있게 물러날 수 있는 입장이 될 수 있으며, 동시에 당신을 그 자리에 불러준 상대방에 대해서도 긍정적인 감정을 여운으로 남기며 자리를 일어서게 되니 그 또한 서로의 관계를 위해 바람직한 일 아니겠는가.

▌작은 감사의 표시가 오래 간다

서로를 위해 감사의 뜻을 표하면서 대화를 마무리하는 것은 긍정적인 인상을 남기면서 그 다음을 기약할 수 있는 아주 훌륭한 퇴장방식이다. 시간을 함께 해주고, 전문가적인 의견을 제시해주고, 혹은 대화의 자리를 재미있고 즐겁게 해준 것에 대한 감사의 뜻을 표하는 것은 언제나 필요한 덕목이다.

상대방에게 감사와 칭송의 뜻을 표하며 안녕을 고할 때 당신에게서는 어떤 형태로든 자신감과 안정감이 자연스럽게 발산된다. 이것은 대화를 마치고 그 자리를 뜨거나, 혹은 어떤 모임에서 누군가와 대화를 나누다가 다른 사람에게로 이동하여 대화를 하고자 할 때에도 같은 효과를 얻을 수 있다. 상대방에 대한 감사의 표현은 진심에서 우러나와야 한다.

　진정성이 담긴 감사의 표현은 연쇄적으로 좋은 결과라는 파도를 타게 하며, 당신의 명성에도 긍정적인 영향을 주게 될 것이다. 감사는 하나의 상황을 마무리 하는 마침표와도 같은 것이다. 이처럼 헤어짐이 좋으면 헤어지는 장소가 어디냐는 상관없이 오랜 시간 동안 서로에게 좋은 감정을 남기게 된다. 이와 관련한 표현의 예를 한번 들어 보겠다.

- 만나 뵙게 되어 너무 즐거웠습니다. 특히, 대화를 통해 귀한 말씀 듣게 돼서 더욱 뜻깊은 시간이었습니다.

- 새로운 사업에 대한 말씀 너무 재미있게 잘 들었습니다.

- 전문가의 고견, 너무 감사했습니다.

- 즐거운 대화 너무 좋았습니다. 감사합니다.

- _______란 주제에 대한 소개 말씀, 너무 재미있게 잘 들었습니다.

- _______와 관련 있는 분을 이렇게 직접 만나 뵙게 되어서 너무 좋았습니다.

- 저를 _______과 같은 분께 소개를 해주시다니, 정말 사려가 깊으십니다. 정말 감사했습니다.

- 그 대화에 저를 합류시키시느라 애 많이 쓰셨죠! 진심으로 감사드립니다. 제게는 하나의 새로운 도전의 기회였던 것 같습니다. 덕분에 제가 그 일을 전개해 나가는 데 훨씬 수월하게 갈 수 있을 것 같습니다. 감사합니다.

대화는 처음 시작했을 때와 같은 방식으로 대화를 마무리해야 한다는 사실을 유념하라. 환한 미소와 함께 악수를 나눈다. 설령 당신이 자리에서 일어나 테이블을 돌아 상대방에게 악수를 청하게 되더라도 그렇게 해야 한다는 것을 기억하라. 악수와 더불어 대화를 마무리할 때 당신은 상대방에게 오랜 시간 동안 자신에 대한 인상을 남기게 될 것이다.

그 잠깐 동안에 이루어지는 악수는 당신이 그간 이룩하려고 애썼던 두 사람 간의 관계의 지평을 더욱 넓히는 계기가 될 것이다. 아무런 마무리 없이 군중 속으로 사라진다면 당신의 정체성과 평판 또한 그와 같이 사라지게 될 것이다. 대화의 마무리는 누군가와의 관계를 형성할 수 있는 최종적인 기회이다. 깔끔한 대화의 마무리를 통해 당신의 미래를 확보하라!

▌▌ 헤어짐은 무척이나 달콤한 슬픔의 순간이다

누군가와의 관계를 공고히 하기 위한 만남의 자리를 마무리하면서 자리에서 일어서고자 할 때 가장 훌륭한 방법은 상대방에게 다시 만날 수 있는지에 대한 의향을 물어보는 것이다. 이와 관련하여 당신의 성(gender)과는 관계없이 상대방을 초대하겠다는 강한 의지를 보여라. 당신 자신에게는 상대방을 초대하겠다는 책임감이나 의무감을 스스로에게 부여하라.

만일 당신이 여성이고 상대방이 남성이라면 차후의 만남이 비즈니스적인 만남이든 혹은 사교적 만남이든 간에 상대방이 제안을 해올 때까지 기다릴 필요가 없다. 나는 지금 싱글들을 위해 조언을 해주고 있는 게 아니다. 그러니 지금 하고 있는 얘기를 그렇게 생각하지는 말라. 지금의 얘기는 서로의 관계를 원원(win-win)으로 이끌어, 장차 당신의 목표까지도 성공적으로 달성하기 위한 대화 운용에 대한 조언이다.

새로운 사람을 만나 새로운 관계를 일구기 위한 것이 당신의 궁극적인 목표라면 내 조언대로 하라. 당신이 처신만 바로 한다면 당신의 성(gender)은 그다지 중요한 문제가 아니다.

당신의 경험과 기술을 총동원하라. 그리고 그것들을 바탕으로 처신하라. 물론 아직까진 스스로가 안전지대에서 약간 벗어나 있다는 느낌이 들긴 할 것이다.

그러나 과실(果實)을 수확하기 위한 유일한 방법은 위험하고 불리한 상황으로 나가는 것이다. 만일 당신이 누군가에게 거절을 당하거나 퇴짜를 맞았다 하더라도 그것은 당신만의 문제로 인한 상황이 아닌 상대방의 문제에서 비롯된 것일 수고 있다. 각 개인은 당신에 대한 어떤 의미 있는 결론을 이끌어 내기에 충분할 만큼 당신을 잘 알지 못한다.

내 친구 렉스를 기억하라. 그는 자신의 수줍음 때문에 나를 불러 자기와 함께 앉도록 권하질 못했다. 만일 어떤 상황에서 누군가가 당신에게 퇴짜를 놓는다면 그런 배경에 대한 얘기를 미리 듣지 않는 한 당신은 그 이유를 알기는 어렵다.

대화의 자리를 떠나기 전에 마음속으로 다음의 목적지를 분명히 해 둬라. 굳이 또 다른 대화로 방향을 틀 필요까진 없다. 뭔가 먹을 게 있으면 자유롭게 먹어라. 시원하게 마실 음료가 있으면 마셔라. 필요하다면 아이 돌보는 사람에게 전화를 걸어 집에서 아이들이 잘 놀고 있는지 확인하라. 그리고 화장실을 다녀와도 좋고 심지어는 실내 주위를 한 바퀴 죽 돌아보고 와도 괜찮다.

움직임은 관심을 끈다. 그러나 꼭 명심할 것은, 절대 뭔가를 잃어버린 사람처럼 있지는 말라. 함께 대화를 막 마친 사람에게 당신이 아무런 할 일이나 목적 없이 방황하고 있는 사람처럼 보인다면 그는 당신이 자기보다도 다른 것에 더 신경쓰고 있는 것으로 인식해 모욕감을 느낄 수도 있다.

대화의 자리를 뜰 때 당신이 보이는 매너는 긴 여운을 남기기 때문에 각별히 신경을 써야 한다. 대화를 마무리하거나 헤어질 때에는 깍듯한 예의를 통해 상대방에게 좋은 인상을 남겨야 한다는 뜻이다. 여기에 어떤 특별한 기술은 없다. 뾰족한 어떤 기술을 발휘하라는 것이 아니다.

예의와 상식에 어울리는 말이면 된다. 그러나 가급적 흔하지 않은 말로 하라. 그리고 그런 말은 특별히 어떤 방법이나 기술을 동원하지 않고도 자연스럽게 나올 수 있을 때까지 하라. 바로 이런 기술이 몸에 체득이 되면 당신의 자신감과 존재감은 그만큼 더욱 개선될 것이다. 결국 그렇게 하여 생겨난 여유로움은 당신으로 하여금 더 많은 대화 파트너를 초대하도록 해줄 것이다.

:: 관계를 지속시키기 위한 몇 가지 질문들

— 오늘 저녁에 제가 당신의 시간을 모두 독차지해선 안 되겠지요? 그 래서 드리는 말씀인데요, 나중에 다시 한 번 만나 뵐 수 있을까요?

— 그럼, 다음 모임에서 또 뵐까요?

— 당신께서 ______하시는 동안 생각이 많이 날 것 같습니다. 돌아 오시면 전화 드려도 괜찮겠습니까?

— 긴 시간은 아니었지만 함께한 시간, 무척 즐거웠습니다. 다음 약 속시간 잡는 것과 관련해서는 제가 따로 전화를 드릴 테니 그때 편하신 시간을 알려주시면 감사하겠습니다.

— 사무실에서 논의했던 내용에 대한 자료는 다음 주중으로 보내드 리도록 하겠습니다. 그리고 전화 드릴게요. 다음 약속 시간은 그 때 잡도록 하지요.

— 오늘 저녁시간에 강의한 내용을 편안하게 한 번 더 보충 설명할 생각입니다. 시간 괜찮으시면 함께 가셔서 차나 한 잔 나누면서 이야기를 나눴으면 하는데요.

— 함께 일하는 게 정말 즐거웠습니다. 다음 주에 만나서 이 일을 다 시 함께 하는 건 어떻겠는지요?

— 곧 함께 일을 하게 되기를 바랍니다. 관심 정도가 어느 정도이신 지 여쭐 겸 해서 며칠 있다가 전화를 드려도 되겠습니까?

대화의 공은 지금 당신의 코트 진영에 있다

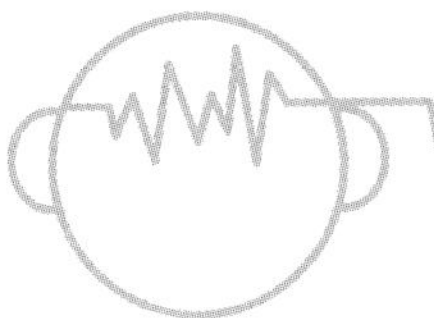

"당신이 하고 있는 일을 상대방에게 단 몇 개의 짧은
문장으로 간명하게 말할 수 있어야 한다."

어떤 이벤트나 행사, 혹은 누군가를 인터뷰하기 전에 다음에 소개하는 50개의 팁을 검토해보라. 언제나 위험을 감수하라. 그리고 대화의 시작은 물론, 대화가 무리 없이 유지되어 나아갈 수 있도록 책임을 져라.

다음 내용을 한 번 읽어보고서 어딜 가도 가라. 어떤 모임이든, 점심식사 자리든, 파티가 열리는 자리든, 혹은 기타 당신을 기다리고 있는 사람들이 모여 있는 자리든 관계없다. 그리고 당신에게 주어진 시간을 즐겨라!

1. 누구든 만나든 먼저 미소를 지으며 인사를 건네라.
2. 먼저 나서서 자신을 다른 사람에게 소개하라.

3. 위험부담을 택하라. 그러면 성공을 기대할 수 있다.

4. 유머감각을 활용해야 한다는 사실을 늘 유념하는 가운데 상황을 재미있게 이끌도록 노력하라.

5. 대화를 시작하는 방식을 다른 사람들과 달리하라.

6. 당신 나름대로 사람들의 이름을 기억하려는 노력을 기울여라.

7. 상대방의 이름을 잊었다면 솔직하게 시인하고 언제든 다시 물어라.

8. 상대방의 말을 진지하게 듣고 그것에 관심을 가져라.

9. 당신이 그간의 삶에서 경험했던 중요한 사건이나 이슈에 대해 상대방에게 말하라. 상대방이 먼저 당신에게 이끌어내 주기를 기다리지 말라.

10. 대화 중간 중간에 상대방이 하는 말을 다시 풀어 언급해줌으로써 당신이 상대방의 말을 귀담아 듣고 있다는 것을 보여줘라.

11. 재미와 열정을 가지고 커뮤니케이션 하라.

12. 당신이 어느 장소와 어느 상황에 처해 있든 당신의 방식대로 밀고 나가라.

13. 상대방이 당신과 다른 사고와 신념을 가졌다하더라도 한 개인으로서의 권리는 받아들여라.

14. 상대방에게 말을 할 때에는 자연스럽게 하라.

15. 당신이 하고 있는 일을 상대방에게 단 몇 개의 짧은 문장으로 간명하게 말할 수 있어야 한다.

16. 당신의 이름을 잊고 있는 것처럼 보이는 사람에겐 자신을 다시 한 번 소개하라.

17. 당신이 하는 일과 관련하여 재미있거나 도전해볼 만한 것에 대한 얘기를 미리 준비하라.

18. 열린 몸짓언어와 닫힌 몸짓언어에 모두 신경을 쓰고 있어라.

19. 접근 가능한 사람을 만나게 되거든 미소를 지으며 상대방과 눈을 맞추고 시선을 교환하라. 그러고 나서 악수를 청하라.

20. 당신이 정기적으로 만나는 사람이든, 그렇지 않은 사람이던 간에 일단 만나면 반갑게 인사하라.

21. 만나는 사람과의 공통 관심사, 공통 목표, 그리고 공통된 경험을 찾아라.

22. 할 수만 있다면 그것이 언제건 간에 다른 사람들을 도우려고 애써라.

23. 상대방을 전문가로 만들어줘라.

24. 평범한 의식적인 질문에 대한 답변에 열린 자세로 임하라.

25. 상대방의 관심사에 대해 열의를 가지고 꼬치꼬치 캐물어라.

26. 정보를 주고받는 시간을 균형적으로 안배하라.

27. 다양한 화젯거리나 주제를 놓고 말을 할 수 있어야 한다.

28. 우리의 삶에 영향을 미치는 현재의 당면문제나 이슈를 견지하고 있어야 한다.

29. 다른 사람에게 당신의 느낌, 견해, 그리고 정서 등을 표현한다.

30. 당신 자신의 느낌과 어떤 개인적인 것들에 대해서 말을 할 때
    에는 '당신(You)' 이라는 말 보다는 '나(I)' 라는 말을 사용하라.

31. 당신이 상대방과 대화를 즐기고 있다는 것을 상대방이 느낄 수
    있도록 몸짓이나 표정 등으로 보여줘라.

32. 관계를 좀 더 발전시키기 위해서는 상대방에게 초대장을 발부
    할 준비를 하라. 그를 초대하여 또 다른 이벤트와 활동을 전개
    하라.

33. 당신이 만나는 친구와 지인들과 지속적인 교류를 위한 방법을
    모색하라.

34. 상대방의 견해나 입장을 읽어내라.

35. 당신이 만나는 사람들에게서 긍정적인 대목들을 찾아라.

36. 대화를 시작하거나 끝을 낼 때에는 꼭 상대방의 이름을 입으로
    소리 내어 언급하면서 악수와 더불어 따뜻한 인사를 건네라.

37. 당신의 이웃, 직장 동료, 그리고 비즈니스 파트너들과 시간을
    갖되 다정다감함으로 다가서라.

38. 당신이 상대방 자신에 대해 더 많이 알고 싶어 한다는 사실을
    인식시켜라.

39. 이전 대화에서 상대방이 당신에게 말했던 것에 대해 물어보라.

40. 다양한 정보를 위해서는 주의 깊게 경청하라.

41. 더 많은 것을 터득하기 위해서는 열린 질문을 하라. 그러기 위
    해 사전에 준비를 하라.

42. 논의 주제에 대한 얘기가 어느 정도 됐다 싶으면 대화의 주제
    를 바꿔라.

43. 상대방이 진정으로 즐거워 할 수 있는 것으로 무엇이 있는지를
    늘 모색하라.

44. 상대방이 소유하고 있는 것, 입고 있는 것, 하고 있는 것, 혹은
    말하고 있는 것에 대해 칭찬을 아끼지 말라.

45. 긍정적인 신호를 보냄으로써 상대방이 당신에게 말을 걸어올
    수 있도록 분위기를 이끌어라.

46. 함께 대화를 나눌 때에는 상대방의 눈을 보고 말을 하려고 노
    력하라.

47. 상대방에게 어떤 이야기를 하고자 할 때에는 먼저 그것에 대한
    주요 요지를 들려줘라. 그런 다음, 참고적으로 자세하게 부연
    설명 할 것은 나중에 덧붙여라.

48. 여럿이서 대화를 할 때에는 언제든 가급적이면 모든 사람이 다
    같이 대화에 참여할 수 있도록 하라.

49. 당신이 말할 때 상대방이 혹시 당신의 말에 지루함을 느끼는
    안색은 보이지 않는지, 혹은 관심이 좀 부족한 것은 아닌지 그
    신호를 살펴라.

50. 사교모임이나 비즈니스 모임에 나갈 때에는 사전에 반드시 준
    비하고 나가라.

PART 11

네트워크와 관계구축 기회를 창출하라

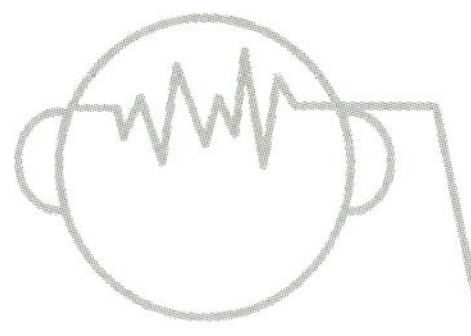

"가벼운 대화는 그 자리가 비즈니스 목적으로 모인 자리든, 혹은 사교 목적으로 모인 자리든 간에 우리를 상대방과 연결시키는 다리 역할을 한다."

무역 집회, 무역 전시회, 그리고 기타 다양한 비즈니스 관련 모임뿐만 아니라 일반적인 회동, 인터뷰, 그리고 또 다른 네트워크 기회들을 어떻게 창출해내는지를 배워라.

환영만찬, 연회, 그리고 여타의 비즈니스 관련 사교모임에 나가는 것을 두려워하고 있는가? 다른 사람이 주최하는 오픈하우스에 참석해야 한다는 현실이 오히려 당신의 집 현관문의 빗장을 걸어 잠그고 싶어지게 하는가?

당신만 그런 것이 아니다. 우리 중 상당수의 사람들이 낯선 장소에 있는 집 안으로 걸어 들어가 낯선 사람과 함께 시간 보내는 것에 대해 걱정하고 두려워한다. 그러나 우리는 대화의 지속적인 유지를 위해 스스로 노력하고 연습할 필요가 있다. 그러기 위해서는 아무래도 그런 상황에 어울리는 대비를 하는 것이 좋다.

전문적인 비즈니스를 하는 사람들에게 그런 기회는 비즈니스 우호관계를 돈독히 하고 그들의 네트워크 반경을 확장시키는 역할을 한다. 그것이 꼭 옳든 그렇지 않든 간에, 분명한 것은 네트워킹이란 것은 늘 우리와 밀접한 상관관계에 있다는 것이다.

어색하고 거북하게 생각되는 사교모임, 세일즈 현황 보고, 혹은 딱딱한 인터뷰가 진행되는 동안 가벼운 대화의 가미는 힘들고 어색한 상황을 즐겁고 유쾌한 상황으로 전환시킨다. 가벼운 대화는 그 자리가 비즈니스 목적으로 모인 자리든, 혹은 사교 목적으로 모인 자리든 간에 우리를 상대방과 연결시키는 다리 역할을 한다.

대부분의 모든 사람들은 꼭 필요한 기술만은 배운다. 그러나 그렇다고 해서 모든 사람들이 전부 대화의 기술에 중요성을 부여하는 것만은 아니다.

누구와도 편하게 말을 할 줄 아는 능력은 단련된 기술이지 그 사람이 지니고 있는 개성은 아니다. 그것을 습득하여 연마한다면 다른 사람들과의 관계구축을 활성화하여 단순히 명함을 교환하는 것보다 훨씬 오래도록 긍정적인 인상을 남기게 될 것이다.

다음은 비즈니스 전문가들이 자신의 대화기술을 향상시키기 위해 활용하는 예들로서 당신에게 도움이 될 만한 것들을 정리하여 소개하였다.

➡다정한 인사와 함께 대화를 시작하라 : 상대방이 부끄럼을 많이 타는 사람일수록 당신에게 감사해 할 것이다.

➡당신 자신을 먼저 소개한다 : 바로 당신이 주인인 것처럼 행동하라. 누군가 새로운 사람이 또 들어오게 되면 당신의 대화 상대자에게나 혹은 다른 사람들에게 그를 소개해준다.

➡누군가를 만나거든 항상 먼저 미소를 지으며 악수를 청한다 : 이런 행동은 당신이 기품 있고, 존경스럽고, 그리고 친절한 사람이라는 인상을 상대방에게 심어주는 데 큰 보탬이 된다.

➡소개는 여유를 가지고 천천히 하라 : 상대방의 이름을 기억하려는 노력을 하라. 그리고 대화중에 가급적이면 자주 상대방의 이름을 언급해준다. 주의할 것은, 상대방의 이름을 언급할 때에는 정확하게 하라. 이를테면, 상대방이 자신의 이름을 캐서린이라고 소개했다고 하자. 이럴 경우, 당신이 그녀의 이름을 부를 때 닉네임이나 애칭스타일로 임의로 바꿔 부르기 보다는 당사자가 소개한 이름 그대로 부르라는 얘기이다.

➡모든 대화중에는 상대방의 시선 높이에 당신의 시선을 유지시켜라 : 세 사람, 혹은 그 이상의 사람이 모이면 대부분의 사람들은 누가 내 행동을 눈여겨보고 있는 것은 아닌지 하는 생각에 주위를 두리번거리게 된다. 사람들은 일반적으로 다른 사람들이 자기를 바라보고 있을 때 자기 말에 경청을 하고 있다고 생각한다.

➡누군가 말할 상대를 찾는다 : 만나면 그 자리에 어떤 사유로 나오게

되었는지에 대해 물어라. 그것이 그 사람을 당신과의 대화에 끌어들일 수 있는 하나의 방법이기도 하다.

▶당신과 함께 대화를 나누는 모든 사람에게 관심을 보인다 : 누군가에게 관심을 보이면 보일수록 당신은 그에게 더욱 지혜롭고 매력적인 사람으로 인식된다.

▶주의 깊게 경청한다 : 상대방이 전하는 말을 당신이 주의 깊게 들을 때 그 대화는 지속된다.

▶기억하라, 사람들은 자기를 특별하게 생각해주는 사람과 함께 있고 싶어 하지, 자기가 특별한 것처럼 행동하는 사람과는 함께 있고 싶어 하지 않는다는 사실을 : 어느 주어진 공간에서 마치 자기가 오직 유일한 사람인 것처럼 느껴지도록 말하는 것도 당신의 책임이다.

▶대화 게임을 하라 : 누군가가 "사업은 어떠세요?"라든가, 혹은 "별일 없으시죠?"라고 물으면 "특별한 거 없습니다"라고 대답하기 보다는 당신 자신에 대한 얘기를 더 많이 들려주도록 하라. 그래야만 상대방은 당신에 대해 더 많은 것을 알 수 있게 된다.

▶비즈니스 관계상 아는 사람과의 대화 시에는 좀 더 주의를 기울여라 : 당신은 실제로 "______에서의 일은 어땠습니까?"라는 말로 누군가와 대화를 열어가고 싶지는 않을 것이다. 만약 상대방이 그 회사에서 막 해고된 사람이었다거나, 혹은 그가 어떤 이유로든 그 회사에서 퇴직을 했다면 어떻게 되겠는가? 당신이 누군가 아는 사람의 배우자나 혹은 어떤 특별한 친구에 대해 질문을 할 때에는 각

별히 신경을 써라. 그렇지 않으면 후회하게 될 수도 있다.

- '심문관' 처럼 행동하지 말라 : "뭘 하시죠?", "결혼은 하셨습니까?", "아이는 있으신가요?", "어디 출신이시죠?" 등과 같은 표현들은 닫힌 대화로 이어지는 질문들이다.

- 몸짓언어를 적절히 활용하라 : 좌불안석인 사람은 주위에 사람들이 있는 것을 신경쓴다. 자신감 있게, 그리고 편안하게 행동하라. 설령 당장엔 그렇지 않더라도 그렇게 계속 하다보면 진짜 그렇게 된다.

- 준비하라 : 적어도 세 가지 정도의 주제에 대해 편하고 자유롭게 말할 수 있도록, 예정된 행사장에 들어가기 전에 그 준비를 위해 잠깐 동안의 시간을 가져라. 8명 정도의 사람들이 각자의 음식을 앞에 두고 둘러앉을 것이다. 그리고 당신 또한 그 사이에 앉게 될 것인데, 바로 그 즈음 어색한 기류가 감지되면 미리 준비한 바로 그 내용을 활용하라. 당신을 더욱 여유 있게 이끌어 줄 것이다.

- 당신의 대화 파트너의 견해와 입장에도 관심을 보여라 : 주식시장이 장차 어떻게 돌아갈지에 대한 입장을 가지고 있는 사람이 당신만은 아닐 터. 이를테면, 어느 한 가지의 사안에 대한 정답은 없다는 뜻이다. 그러므로 일단은 상대방의 말에 관심을 갖고 들어줘라.

- 대화 독주자가 있으면 그의 독주를 차단하라 : 가능하다면, 그가 숨고르기를 하거나 혹은 잠시 말을 멈출 때를 기다렸다가 재빨리 그 해당 주제에 대한 언급을 하면서 끼어들어라. 그런 다음 곧바로 당

신이 가고자 하는 방향으로 대화를 이끌어 나가라.

→ 출구 라인을 예비하라 : 기억하라, 누군가와 대화를 나누는 도중에 자리를 이동해 다른 곳을 둘러보아야 한다던가, 혹은 다른 사람을 만나 대화를 나누게 될 필요가 있을 시점이 있다는 것을. 그러기 위해서는 출구를 사전에 예비해둬야 한다.

→ 대화 도중에 좌중에서 슬그머니 사라지는 일은 없어야 한다 : 당신이 대화의 자리를 뜨고자 할 때에는 악수와 더불어 작별인사말을 깍듯하게 나눔으로써 상대방에게 긍정적인 인상을 남긴다.

누군가 새로운 사람을 만나는 일은 자연히 어떤 위험이나 부담이 따른다. 그러나 그런 만큼 가치도 있다. 당신이 지속적으로 새로운 사람을 찾는 가운데 누군가를 만날 때마다 그에게 관심을 가져주는 한, 당신은 더 많은 친구를 사귀면서 그들과 살아있는 대화를 즐길 수 있게 될 것이다.

친근함을 느끼게 하는 요소를 활용하라

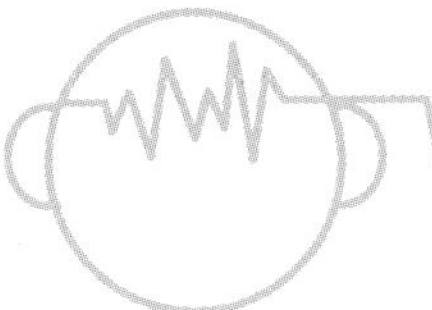

"사교적인 대화의 자리에서 뿐만 아니라 비즈니스 대화의 자리에서도 가벼운 대화를 활용하라."

사람은 다음의 두 가지 과정과 이유로 비용을 지불할 결심을 한다. 자신에게 닥친 문제를 해결해줄 수 있을 거라는 믿음, 그리고 그 과정에서 친근감을 느낄 때.

이를테면, 막 치과의사가 된 사람에게 환자를 대하는 노련한 기술을 단번에 기대하기란 어렵다. 그러나 당신은 아마 알 것이다, 어떤 치과의사가 환자를 좀 더 편안하게 해주는지를. 당신은 고도의 자질을 갖춘 스키 강사에게서 레슨을 받을 수는 있다. 그러나 당신이 그와 함께 리프트를 오르는 동안 말 한마디 없이 침묵하고 있는 그에게서 불편함을 느낀다면 당신은 내심 다른 강사로 바꿨으면 하는 생각을 갖게 될 것이다. 또, 두 곳의 상점에서 같은 물건에 같은 가격을 나란히 붙여 놓고 동시에 팔고 있다면 당신은 어디서 물건을 사겠는가?

당신은 어느 가게 주인이 보다 친근하고, 보기에도 깔끔해 보이는 물건을 내놓고 있나, 하는 것을 보고 한 상점을 택할 것이다. 바로 당신 또한 다른 사람들에게 그렇게 보일 때 더욱 환영을 받게 될 것이다.

한번은 〈USA 투데이〉가, 1면에 농구스타 카림 압둘 자바가 코치 자리를 얻기 위한 인터뷰에 도움을 받기 위해 전문적인 홍보섭외 담당을 고용했다는 내용의 기사를 실은 적이 있었다. 틀림없이 압둘 자바는 자기가 사람들과 제대로 잘 어울리지 못한다는 사실을 스스로 누구보다도 잘 알고 있었던 것이다. 말 그대로 사람들과 어울리고 교류하는 데 어려움이 있다면 고등학교든 대학교든 자신이 나서서 직접 부딪치며 코치 자리를 얻는 것이 그다지 녹녹한 문제는 아닐 것이다. 우리의 일상도 마찬가지다. 만일 당신이 무언가에 대해 판촉을 하고자 하는데 자신이 다른 사람들과 잘 어울리질 못한다거나, 혹은 말 수가 적다면 어떻게 되겠는가.

그래서 비즈니스를 성공으로 이끌 수 있는 신뢰구축을 어떻게 해야 하는지에 대한 조언을 다음과 같이 정리하여 소개해 본다.

➤ 사교를 위해서 뿐만 아니라 비즈니스를 위한 구도설정을 위해서도 가벼운 대화를 적극 활용하라 : 고객에게 프레젠테이션을 하기 전후에, 상품을 세일즈 하기 전후에, 어떤 기회를 공유하기 전후에, 어떤 서비스를 제공하기 전후에, 혹은 당신 자녀의 교사와 함께 하는 회의를 하기 전후에는 가벼운 대화를 하라. 내과 의사들이 진행

한 한 연구보고서에 따르면, 의료진찰을 전후로 하여 단 몇 분간에 걸쳐 환자들에게 그들 가족, 그들이 하고 있는 일, 혹은 여름 휴가 계획 등에 대한 얘기를 묻는 식으로 그들 나름대로의 시간을 할애한 의사들은 그렇지 않은 의사들에 비해 환자들에 의한 만족도가 훨씬 높은 것으로 나타났다. 우리도 그렇게 해보는 것이 어떻겠는가. 사람들은 응당 자기에 대해 관심을 갖고 배려를 해주는 사람에게 이끌리게 돼 있다. 그렇지 않은가. 누군가가 친근함을 보이며 다가올 때 나 역시 그에게 보다 친근함을 느끼게 되지 않던가.

→ 공감을 표현하라 : 모든 사람은 그릇된 얘기를 듣는 순간에조차도 상대방이 하는 말에 귀를 기울이게 돼 있다. 자기가 지니고 있는 주식 가치는 제자리걸음이거나, 혹은 하락을 한 데 반해 주식시장은 30퍼센트나 성장했다고 보는 고객이 있다고 치자. 그 고객은 주식중매인이 그 주식들을 잘못 골라서 그렇게 된 것으로 주장하고 있으며, 주식중개인 또한 그런 의뢰인의 정황을 인지하고 있다. 하지만 그것은 그런 기류는 "고객의 생각이 적절치 않다"고 판단하게 만드는 오판의 단초가 될 수도 있다. 오히려 그럴 땐 주식중매인이 이렇게 말하는 것이 더 낫겠다. "이런 상황을 겪게 되어 정말 당혹스럽지 않을 수 없네요. 이 상황에서 우리가 뭘 어떻게 할 수 있는지에 대해 좀 얘길 나눠보면 어떨까요." 이런 말은 서로가 상대방에게 지니고 있을 부정적인 정서나 분위기를 완화시키면서, 그 고객이 또 다른 주식중매인으로 떠나갈 수도 있는 가능성의 여지를 줄이는

동시에, 오히려 상대방에 대해 좀 더 친근감을 갖도록 해주는 역할을 한다.

➡️ **누군가를 만나면 따뜻하게 인사하고, 상대방의 시선에 내 시선을 두어라** : 그러고 나서 밝게 미소를 지어라. 또다시 하는 얘기지만, 상대방에게 먼저 인사하라. 그러지 않으면 당신은 겉으로만 신사인 체하는 속물처럼 보일 수도 있다. 사람들은 흔히 자기가 좋아하는 식당엘 자주 찾게 되는데, 거기에는 다 그럴 만한 이유가 있다. 식당 주인이 그들의 눈을 바라보면서 진심어린 미소와 따뜻한 마음으로 그들을 늘 맞아주기 때문이다. 우리 부부 역시 즐겨 가는 식당이 있다. 그곳이 맘에 들다 보니 친구들까지 그곳으로 자주 데려가곤 한다. 식당 종업원과 주인이 언제나 한결같이 친절하고 따뜻하게 맞아주기 때문이다. 특히 그 식당의 주인은 우리가 그곳에서 각별한 대접을 받고 있구나, 하는 생각이 들 정도로 그곳에 있는 시간 동안 크게 신경 써 잘 대해준다.

➡️ **대화 시에는 상대방의 이름을 자주 불러주도록 하라** : 당신이 상대방의 이름을 불러줄 때 그는 당신으로부터 특별한 대접을 받고 있다는 생각을 더 갖게 된다. 이를테면, 신용카드 청구서에 나타난 이름을 다시 한 번 정확히 확인할 경우, 혹은 상대방이 자신의 이름을 말할 때에는 그것을 꼼꼼히 받아 적어라. 그런 다음엔 이런 말로 마무리 지어라, "조, 제 질문에 협조해주셔서 정말 감사합니다." 이런 말을 들은 조는 자신이 상대방을 위해 중요한 역할을 했다는 기분

을 느끼게 된다. 만일 누군가의 이름을 모르고 있거나 순간적으로 잊었을 때엔 기회를 봐서 다시 물어보라. 상대방이 자신의 이름을 말하면 그것을 한 번 입으로 따라 언급해보라. 그리고 그 경우 발음을 정확히 하라. 그리고 거듭 다시 한 번 강조하거니와, 그와 대화 시에 있어서 절대 상대방의 닉네임을 당신 나름대로 추측하고 발설해서는 안 된다. 앞서도 언급한 바 있듯이, 내 이름은 데브라(Debra)이지, 데비(Debbie)가 아니다. 다른 사람이 나를 데비라고 부르면 나는 기분이 그다지 좋지 않다. 이것이 비록 대수롭지 않은 사소한 것이긴 하나 매우 중요한 대목이다.

➡ **상대방에게 관심을 보여라** : 이메일, 음성메일, 팩스 등의 최첨단 환경의 응답 양식에 있어서 현재의 일상의 것보다는 한층 더 높은 고감도의 교류방식을 필요로 한다. 당신의 고객, 의뢰인, 동종 업계 종사자 등등의 사람, 혹은 당신이 앞으로 교류할 기회를 갖게 될 그 이외의 사람들에 대해 관심을 보일 경우, 그 고감도의 교류방식을 바로 당신이 창조해내야 한다.

➡ **깊이 파고들어라** : 일단 대화를 시작하면 너무 성급하게 그 자리를 뜰 생각은 하지 않는 것이 좋다. 당신의 대화 파트너가 자기 휴가에 대해 언급을 하면 그것을 신호 삼아 좀 더 파고 들어가라. 휴가는 어디로 갔었는지, 휴가지에 가서는 무엇을 했는지, 가장 재미있었던 것으로는 어떤 일이 있었는지, 그리고 혹시 다시 그곳엘 또 가고 싶은 생각은 없는지 등등에 대해서 물어라. 결국 그런 식의 질문과

관심표현을 통해 당신은 상대방에게 좀 더 자기에 대한 얘기를 할 수 있는 기회를 마련해준 셈이고, 그는 또 자신에 대해 이것저것 관심을 가져주는 당신에 대해 한층 더 호감을 느끼게 됨은 물론이고, 당신과 함께 시간을 갖게 된 것에 대해서도 기쁘게 생각하게 될 것이다. 늘 "하고 계신 일은 어때요?" 혹은 "지난 번 우리가 서로 만나 이야기를 나눈 이후, 그 일은 잘 돼가고 있나요?"와 같은 식의 질문으로 꾸준히 상황을 체크하라. 이렇게 하면 그는 자신의 생활의 일부가 될 수 있는 하나하나의 상황에 대해 당신이 항상 관심을 보이며 그것에 대해 듣고 싶어 한다고 생각하게 될 것이다.

▶ 훌륭한 경청인이 돼라 : 이것은 서로 눈빛과 시선을 주고받으며, 상대방이 무엇을 말하고 있는지, 그리고 당신이 무엇에 더 관심을 두고 듣고 싶어 하는지에 대한 것을 상대방에게 드러내 보이는 하나의 언어적 신호를 의미한다. 이 언어적 신호라는 것은, 이를테면, "좀 더 말씀해 주시지요.", "처음엔 어떤 일이 있었는지요?", "그 다음엔 어떤 일이 벌어졌습니까?", "계속해서 도전을 해오고 계신 것이 분명하네요." 등등의 말과 같은 표현들을 포함한다. 바로 이처럼 당신이 상대방의 말을 열심히 듣고 있다는 것을 그 당사자에게 알리거나 상기시켜줄 수 있는 말이나 질문을 해야 할 필요가 있다는 것이다.

▶ 충고자로서의 입장을 중단하라 : 당신이 누군가 어떤 사람과 함께 있다고 치자. 그럴 경우, 상대방에게 어떤 내용에 대한 것이든 아무

런 질문도 없이 상대방에게 무턱대고 조언이나 자문을 구하는 사람
이 있을까? 어떤 내용은 너무 길다, 어떤 내용은 너무 짧다, 어떤 내
용은 너무 자세하다, 또 어떤 것은 그 내용이 너무 불충분하다, 라
고 누군가가 말하는 어떤 이력서를 종합적으로 판단해본 적이 있는
가? 요청을 해오지 않았음에도 불구하고 상대방에게 일방적으로 조
언이나 충고를 해주는 것은 자칫 상대방의 심기를 거스를 수가 있
다. 오히려 그럴 때에는 충고 대신, 다음과 같은 간단한 문장으로
상대방의 상황을 이해하고 있다는 정도의 뜻을 표하는 것이 더 낫
다. 조언이나 충고를 하려거든 상대방이 그것에 대한 요청을 해올
경우에 한해서만 제공하도록 하라.

프레젠테이션을 할 때 내가 활용하는 사례 중 하나는 친근함을 느
끼게 하는 요소를 하나 만드는 것이다. 나는 집에서 가까운 곳에 있는
인쇄소를 찾고자 했다. 규모가 그다지 크지 않아도 상관없었다. 그래
서 가장 가까이서 가장 먼저 눈에 띈 곳을 찾아 안으로 들어갔다. 그
곳은 내가 살고 있는 주에서 아마 제일 바쁜 가게인 것 같았다. 가게
에 들어서자 다음과 같은 문구가 곧장 나를 맞는다.
　'준비 부족으로 인해 당신의 업무를 급히 처리해드릴 수가 없습니
다.'
　순간 나는 저런 문구를 보고 거부감을 느끼지 않을 사람이 있을까,
하고 생각했다. 그리고는 그곳을 황급히 빠져 나왔다. 마침 길 건너에

또 다른 인쇄소가 있기에, 그곳으로 들어갔다. 그곳에서 접하게 된 문구는 다음과 같았다.

'급하십니까? 저희가 서둘러 해결해드리겠습니다.'

'경황이 없으십니까? 저희가 도와드리도록 하겠습니다.'

당신은 내가 어떤 인쇄소와 편안함을 느끼며, 그들과 신뢰관계를 형성하고 일을 하게 될 거라 생각하는가. 예상하고 있는 그대로이다. 거기에 무슨 변수가 있겠는가.

당신이 새로운 직업을 갖기를 원하든, 사업을 확장하길 원하든, 새로운 고객이나 의뢰인을 확보하길 원하든, 당신의 비즈니스에 새로운 사람을 영입하길 원하든, 혹은 사람들에게 당신을 기억할 수 있도록 동기부여를 해주길 원하든, 신경 써야 할 것 한 가지는 바로 친근감을 느끼게 하는 요소이다. 그것이 원만하게 이루어지면 당신은 그 뒤로 끊임없이 이어지는 성공을 만끽하게 될 것이다.

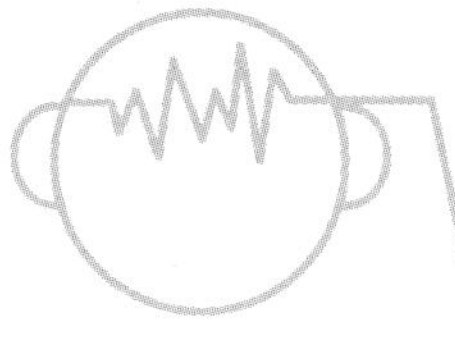

PART 13

좀 더 명확하게
대화의 영향력을 높여라

"말은 상대방에게 당신이 서 있는 위치, 당신의 태도
와 자신감, 그리고 당신의 신념이나 확신에 대한 신
호를 제공하는 큰 역할을 한다."

　자신의 입장 관철을 위해 진취적인 대화의 전술을 이용하는 것과 관련해 조언을 하나 피력하고자 한다. 수동적인 언어보다는 자기주장을 강하게 피력하되, 반드시 부드러운 어조로 하라고 권한다.

　아울러, 입을 통해 발화되는 말이나 언어는 자신의 입장뿐만 아니라 자신의 가장 핵심적인 힘을 동시에 전달해야 한다.

　온유한 말, 사과의 말, 혹은 멈칫멈칫 망설이는 말을 해본 적이 있는가? 이를테면, 누군가가, "내일 다시 연락드릴 수 있도록 노력하겠습니다"라고 말할 때, 그 사람은 사실 대화를 나누고 있는 상대방에게 자신이 하고 있는 말대로 이루어지지 않을 수도 있다는 상황을 동시에 언급하고 있는 것이다.

자신의 말에 대해 만에 하나 발생할 수도 있는 과실에 대해 통상적으로 사전 양해를 구하는 표현이기도 하다. 이를테면 당신은 그 사람에게 다시 연락할 책임이 있기도 하고, 또 그로부터 자유로울 수도 있는 상황이다.

대화시, 사용하는 말은 때에 따라서 우리가 전혀 의도하지 않았던 의미의 메시지로 상대방에게 전달될 수 있다. 아마도 당신은 우연히 들어간 어느 식당에서 다음과 같은 식당 종업원의 말을 들어본 적이 있을 것이다.

"자리를 마련해 드릴 수가 없을 것 같습니다", 혹은 "……을 마련해 볼 수 있으면……"과 같은 표현이나 말은 대화를 의도하지 않은 방향으로 이끌 수도 있다.

따라서 오해의 여지가 있는 표현이나 언급은 하지 않는 것이 좋다. 그러니 당신이 의미하고 있는 바를 정확하고 명확한 말로 표현하여, 자신이 한 말이 본래 목적하고 있는 의미 그대로 상대방에게 전달되도록 하라.

다음에 예로 든 표현들을 한번 검토해보고, 앞으로 당신이 이끌어 나가게 될 대화의 과정에서 자신의 생각을 어떻게 표현할 것인가에 대해 진지하게 주목하도록 하라.

➡ **이런 표현은 피하라** : "그것은 언제까지 준비가 될까요?"(당신 자신을 운전자석에 앉혀라.)

→ 대신 이렇게 말하라 : "제가 화요일까지 준비할 수 있도록 해주실
주 있으신지요?"

→ 이런 표현은 피하라 : "엉뚱한 가게로 안내하게 될까봐 끔찍하다는
생각이 드는군요."(뭘 어떻게 하는 게 끔찍하다는 말인가? 실수하게 될
까봐 그것이 끔찍하다는 얘긴가?)

→ 대신 이렇게 말하라 : "당신을 어떤 상점으로 안내를 해야 할지 모
르겠군요." 혹은, "______에 가시면 그 상품을 발견하실 수 있을
거라 생각합니다."

→ 이런 표현은 피하라 : "저는 그 재산세가 좀 높은 것 같다고 말하려
했습니다." 그리고 "그 장미들은 이 공간이 제공하고 있는 것보다는
더 많은 햇볕을 필요로 할 거라 생각합니다."(이 표현을 보면 당신이
무슨 말을 하려는지는 알 수가 있다. 그러나 표현 자체가 너무 무거워 때에
따라서는 상대방에게 소심한 어조로 들릴 수도 있다.)

→ 대신 이렇게 말하라 : "저는 재산세가 높다고 생각합니다." 혹은
"제 경험으로 봐서, 장미는 이 공간에서 제공하고 있는 것보다 더
많은 햇볕을 필요로 합니다."

→ 이런 표현은 피하라 : "잠깐만 방해해도 될까요? 질문 하나 드려도
될까요?"(당신은 이미 방해를 하고 질문까지도 하고 있질 않은가!)

➡ 대신 이렇게 말하라 : "저 방해해서 죄송한데요……"라고 말을 하고 나서 질문을 하라. 누군가가 다른 사람들과 얘기 도중에 잠깐 끼어들어야 하는 상황이라면 먼저 양해의 질문부터 던져라.

➡ 이런 표현은 피하라 : "______에 대해서는 누군가에게 물어봐야만 할 것입니다."(당신은 누구신가? 아무도 아니라고?)

➡ 대신 이렇게 말하라 : "기꺼이 제가 회계 상황을 확인해서 다시 말씀드리도록 하겠습니다."

➡ 이런 표현은 피하라 : "당신에게는 정말 솔직하고 정직한 모습 보이도록 하겠습니다. 정말 멋진 시간이었습니다!"(늘 솔직하고 정직하지 않단 말인가? 다른 사람들에게도 늘 이런 식으로 말을 하면서 자신을 표현하는가?)

➡ 대신 이렇게 말하라 : "정말 멋진 시간이었습니다!"

➡ 이런 표현은 피하라 : "성함 철자를 좀 써주시겠습니까?"(우리 대부분은 익히 이름의 철자 정도는 어떻게 쓰는지를 알고 있다. 그것을 어떻게 쓰는지 알고 있다면 굳이 그것을 상대방에게 써달라는 부탁까지 할 필요는 없다.)

➡ 대신 이렇게 말하라 : "성함 철자가 어떻게 되시는지요?"

➡이런 표현은 피하라 : "만일 제가 찾아낼 수 있다면……."("만일", 혹
은 "아마도"와 같은 단어를 사용할 때에는 듣는 이의 입장에서 볼 때 그 기
대감이 현저히 떨어지게 된다. 자신감을 심어줘라.)

➡대신 이렇게 말하라 : "곧바로 조사에 들어가도록 하겠습니다. 결과
가 어떻게 나오든 그 부분에 대해서는 내일까지 연락드리도록 하겠
습니다."

➡이런 표현은 피하라 : "바로 제가 ________에 있어 유일한 사람입
니다."(모든 사람의 역할과 직업은 그야말로 모두 중요하다. 이런 표현은
어떤 하나의 사실을 누구 한 사람에 국한시키는 표현으로 들릴 수 있다. 따
라서 당신의 특수한 영역에 대한 전문성을 부각시키려면 그런 표현보다는
당신의 능력과 책임을 더 인지시키는 것이 낫다.)

➡대신 이렇게 말하라 : "제 책임은 웹사이트 개발에 집중되어 있습니
다. 그러나 그렇다 하더라도 당신의 주문에 대한 세일즈 현황을 한
번 점검해보는 것도 좋을 것 같습니다."

➡이런 표현은 피하라 : "오늘 아침엔 만날 수가 없습니다."(이런 표현
은 어떤 최상의 결과를 이끌어내는 데 있어서 상대방에게 뭔가 내켜하지
않는 인상을 줄 수가 있다. 서로 논의되고 있는 프로젝트 안건이 부담스럽
다는 느낌을 상대방에게 풍길 수 있기 때문이다. 그러니 어떤 식으로든,
'할 수 없다' 는 식의 말보다는 당신이 무엇을 할 수 있는지, 그것을 말하도

록 하라.)

➥대신 이렇게 말하라 : "오늘 오후 3시까지는 제가 나갈 수 있습니다."

➥이런 표현은 피하라 : "이번 주까지 연락드릴 수 있도록 노력해보겠습니다."(다시 한 번 거듭 말하지만, '노력해보겠다' 라는 단어는 상대방의 입장에서 볼 때 당신이 믿음직스럽지 못하다는 의미로 들릴 수도 있다.)

➥대신 이렇게 말하라 : "다음 주가 가기 전까지 다시 연락을 드리도록 하겠습니다."(당신이 하고자 하는 것을 사람들에게 말하라. 뭘 하길 희망한다던가, 혹은 일시적으로 누군가를 기쁘게 하겠다는 식의 말은 그 누구에게도 삼가도록 하라.)

➥이런 표현은 피하라 : "제 남편과 상의해보겠습니다." 혹은 "제 비서와 같이 확인해보도록 하겠습니다."(이런 표현의 말들은 자칫 뭔가에 대해 당신이 부담을 느끼고 있는 식으로 비춰질 수도 있다.)

➥대신 이렇게 말하라 : "기꺼이 제 남편과 한번 상의하도록 하겠습니다." 혹은 "기꺼이 제 비서에게 일러 확인한 다음 곧바로 연락을 드리도록 하겠습니다."

➥이런 표현은 피하라 : "내일 전화를 주셔야만 하겠는데요. 제게는

지금 이 시간이 무척 바쁜 때라서요.”(그렇잖아도 일이 많은데 거기에
다 상대방의 주문이나 부탁이 겹쳐져 더 큰 부담으로 생각하고 있는 것처
럼 상대방에게 인상지어질 수도 있다. 자신의 주문이나 부탁이 상대방에
게 그런 식으로 받아들여지는 것을 바라는 사람은 어디에도 없다.)

◆ **대신 이렇게 말하라** : “내일 전화 주셔도 됩니다. 지금 보다는 그때
가 더 낫겠습니다.”

◆ **이런 표현은 피하라** : “저로서는 도무지 알 길이 없겠는데요.”(그래,
당신은 그렇다! 당신이 모르고 있는 게 정말 맞다.)

◆ **대신 이렇게 말하라** : “콜팩스(Colfax)로 어떻게 가야할 지에 대해서
는 저도 모르겠는데요. 제니퍼에게 한번 물어보시지요. 그분은 지
리나 방향에 대해서는 아주 밝은 분이거든요.”

◆ **이런 표현은 피하라** : “성함을 여쭤봐도 될까요?”(누군가의 이름을
묻는 데 허락은 필요치 않다!)

◆ **대신 이렇게 말하라** : “ 제 이름은 ＿＿＿＿＿＿입니다.” “당신의 성함은
어떻게 되시죠?”

다른 사람들과 대화를 하는 가운데 있어서 우리가 내뱉는 말은 대
단히 중요하다.

말은 상대방에게 당신이 서 있는 위치를 말해주며, 아울러 상대방

에게 당신의 태도, 당신의 확신, 그리고 당신의 신념이나 믿음을 전달
하는 중요한 도구이자 수단이다. 당신의 말을 통해 상대방에게 당신
의 파워와 리더십을 느끼게 하라.

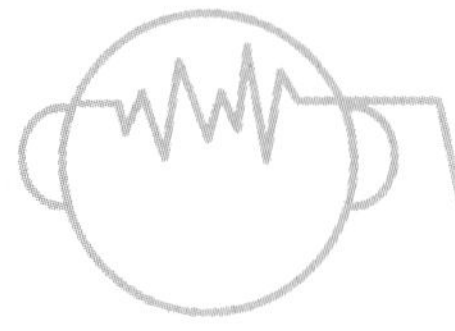

PART 14

지금 이 순간을 즐겨라

"당신은 머지않아 곧 모르는 사람과도 함께
편안하게 대화를 나눌 준비를 갖추게 될 것이다."

　새로운 사람을 만나 대화를 나누고, 시간이 흐른 뒤 그 대화를 마무리할 때가 되면 떠오르는 캐릭터가 있다. 바로 『오즈의 마법사』에 나오는 마법사가 바로 그 주인공이다. 나중에 그의 마법은 한낱 눈속임이었던 것으로 밝혀진다.

　그러나 어쨌든 그 이전에 마법사는 사자와 양철 나무꾼과 허수아비에게 그들 셋 각자는 이미 자기들이 간절히 찾고 있는 것을 가지고 있다는 중요한 말을 한다. 그들 각자가 필요로 하는 것은 용기와 심장과 지능이다. 그렇다면 그들 셋은 이미 각자가 그 재주나 능력을 가지고 있었다는 것을 의미한다. 마법사가 한 일은 그저 그들에게 형식적이나마 그들의 바람을 마음으로 빌어주는 것뿐이다.

　이 책을 통해 내가 제시해온 모든 비결이 바로 지금 당신 손에 들려

있다. 나는 이제 당신보다 나은 더 이상의 아무런 마법이나 힘이 없다. 당신에겐 이제 오로지 이 책에서 제시된 다양한 기술과 조언을 실상에서 끊임없이 익히고 실천으로 옮기는 것만 남았다. 이제 더 이상의 부연의 말도 필요 없을 듯하다. 이제 나는 당신이 새로 발견하게 된 그 다양한 기술을 바라보면서 나만의 영광을 만끽하고자 한다.

사교모임을 비롯한 이러저러한 모임에 나가도 사람들과 제대로 어울리지 못하고 그저 어떻게 하면 그들을 피할 수 있을까만 생각하며, 늘상 한쪽 구석에서 쭈그리고만 있으려 했던 나. 그야말로 아무런 세상물정 모르던 나. 그런 내가 새로운 사람을 만나 자유롭게 그리고 성공적으로 대화를 나누는 사람으로 거듭나게 되었다.

바로 그런 나에게 부여된 권한으로 이제부터 나는 당신에게 새로운 타이틀을 하나 수여하고자 한다. '새로운 사람과의 만남꾼, 그리고 탁월한 재주를 지닌 이야기꾼'. 그에 따라 이제 당신은 모든 대화에 있어서 모든 권리, 모든 특권, 그리고 모든 책임을 부여받았다. 그러니 이제부터는 어느 경우이든 새로운 사람들을 만나 그들과 대화를 나누는 자리에서 당신의 노력이 다른 어떤 사람으로 인해 위협받는 일이 없도록 하라.

당신은 능력 있는 '새로운 사람과의 만남꾼' 이자 뛰어난 재주를 지닌 '이야기꾼' 으로 공식적인 임명을 받았다. 이제 앞으로는 그와 관련하여 그간 당신에게 붙어 다닌 낡고 오래된 이름표를 전부 떼어 내라. 일일이 다 헤아릴 수 없을 정도로 이 책 전반에 걸쳐 언급된 다양한 팁과 접근 방법들은 하루하루의 일상에서 이루어지는 다양한 사람들과의 만남은 물론 일상의 평범한 대화에서도 힘들게 했던 딜레마들을 척결해낼 수 있는 상식과도 같은 것들이다. 이제 그 모든 만남과 대화를 훌륭히 해내는 데 있어서 꼭 필요한 것 한 가지만 더 주문하고자 한다. 그대로 실행하라!

재차 삼차 거듭 이야기하지만, 새로운 사람을 만나 나름대로의 대화의 기술을 가지고 부담 없이 나누는 격 없는 대화가 얼마나 중요한 가치를 지니고 있는지에 대해 다시 한번 강조하고자 한다. 이제 나는, 그야말로 나처럼 극적으로 삶을 변화시킨 사람들에 대해 어서 많이 듣고 싶다.

일례로, 플로리다에 사는 수줍음 많은 한 사내에 대한 이야기이다. 그는 용기를 내서 한 여성에게 데이트 신청을 했으며, 지금 그들 두 사람은 결혼을 해서 아주 행복하게 살고 있다. 그리고 오하이오에 사는 말수가 거의 없는 한 여성은 자기가 재직하고 있는 회사의 중서부 전 지점의 수장으로 승진을 했다.

또, 콜로라도에 사는 오십 대의 한 남성은 부인을 암으로 사별하고 지금은 나름대로 새 삶을 전개해 나가고 있다. 그의 부인은 살아 있을 동안, 워낙 말수가 없는 남편 때문에 부부간에 대화 없이 거의 혼잣말을 하며 살았다고 한다. 그런데 그러던 남편이 이제는 주위에서 인정받는 말 잘하는 사람이 되어 자신의 삶까지 새롭게 바꾸게 되었다는 소식이다.

앞으로 끊임없이 도전하라, 이미 지금 도전하고 있더라도. 윈스턴 처칠은 이런 말을 했다.

"지금은 편안하고 안락하게 있을 때가 아니다. 과감한 도전을 지속시켜야 할 때다."

먼저 가까운 가족이나 친구들을 통해 연습하고 훈련하라. 그러다가 자신감이 생기면 비즈니스 동료들에게로 자리를 옮겨 그들과 시간을 갖고, 계속해서 당신이 주기적으로 만나는 사람들과 자리를 가져라. 그렇게 하다 보면 어느새 당신은 전혀 모르던 사람과도 만나 아주 편안하게 대화를 하게 될 것이다.

좀 더 자주 사회활동에 참여하라. 초대장이 날아오면 나가 참여하라. 무역기구에 가담하라. 단체나 클럽에도 자발적으로 나서서 참여하라.

직장에서도 마찬가지다. 프로젝트가 뜨면 자원해서 활동하라. 그러면 그를 통해 새로운 사람, 그리고 까다로운 사람들을 만나게 될 것이다. 그다음 직장 밖으로도 눈을 돌려라. 이를테면 보트쇼, 에어쇼, 자동차쇼와 같은 다양한 이벤트 행사에도 가보라.

그리고 그곳에서 만나는 새로운 사람들에게 당신 자신을 소개하라. 풍성하고 격 없는 대화를 나누게 될 것이다. 무엇보다도 당신은 자신과 유사한 열정이나 직업을 지닌 새로운 사람들을 만나게 될 것이다.

당신 내부에 있는 새로운 사람을 만나는 힘을 부지런히 기르면서 새로운 단계로 당신의 삶과 비즈니스와 이력을 끌어올려라. 당신은 머지않아 지금껏 상상하지 못했던 방식으로 성장한 자신을 발견하게 될 것이며, 동시에 엄청난 속도로 성공 가도를 향해 달려가는 자신을 목격하게 될 것이다.

누구에게나 통하는 기적의 대화법

초판 1쇄 인쇄 2013년 4월 1일
초판 1쇄 발행 2013년 4월 8일

지은이 데브라 파인
옮긴이 이구용
펴낸이 한익수
펴낸곳 도서출판 큰나무
등록 1993년 11월 30일 (제5-396호)
주소 410-360 경기도 고양시 일산동구 백석동 1455-4 1층
전화 031-903-1845
팩스 031-903-1854
이메일 btreepub@chol.com
블로그 blog.naver.com/btreepub

값 12,000원
ISBN 978-89-7891-278-5 (13190)

잘못 만들어진 책은 구입하신 서점에서 교환해 드립니다

값8,000원